23社の破綻に学ぶ
失敗の法則

なぜ倒産

こうするより
ほかなかったのか――

はじめに

日経トップリーダー編集長　北方雅人

本書は、中堅・中小企業23社の事例を通じ、経営における「失敗の定石」を引き出すことを目指すものです。

23社のケーススタディーは、月刊誌「日経トップリーダー」の連載「破綻の真相」を基に編集しました。大企業の経営破綻事例は、新聞やテレビで報道されますが、中小企業の破綻ニュースはメディアに取り上げられることは多くありません。しかし現実には、毎日、全国各地で企業が破綻しています。その中から毎月1社を選び、破綻の理由をあらゆる角度から分析するのが、「破綻の真相」です。

日経トップリーダーは定期購読制の雑誌なので、書店で見たことのある人はあまりいないでしょう。経営者向けに特化した雑誌で、1984年「日経ベンチャー」として創刊しました。「破綻の真相」は1992年にスタートした連載で、実に25年以上の歴史があります。雑誌の連載企画で、四半世紀も続いているものは珍しいと思います。

なぜこれほど長く読者に支持され、続いてきたのか。

失敗事例から得る学びは大きい――。読者にこの連載の良さを尋ねると大抵、こんな答えが返ってきます。

成功事例を知ることはもちろん大切ですが、そのやり方を自社に取り入れても、成功するとは限りません。成功事例は、再現性が低いものです。なぜなら、成功はいろいろな条件の組み合わせだからです。社員の力量が不足していれば、同じような成果は出ないかもしれない。その戦略をどこまで徹底できるかという、経営者の熱量によっても結果は違ってきます。

経営の世界には、「これを飲めば、どの会社にも必ず効く」というような特効薬はありません。重要なのは、成功事例をそのままコピーするのではなく、自社の状況に合った形にチューニングすること。成功事例はあくまでも「ヒント」なのです。

対して、失敗事例は再現性が高い。「こうした局面で、こんな判断をしたから会社が傾いた」という情報は、自社にそのまま置き換えても（実際に自ら検証する人はいませんが）、おそらく高い確率で当てはまります。なぜでしょう。

経営とはヒト、モノ、カネの状態をバランスよく保つことであり、そのバランスが大きく崩れると失敗を招きます。そして、崩れた原因を突き詰めると、「あのとき、こうした判断をしてしまった」という転換点が見えてきます。

成功はいくつかの要因の組み合わせですが、失敗は究極的には1つの判断ミスによるもの。例えるなら、成功とはブロックを地道に高く積み上げることであり、失敗とはブロックの山のどこか一カ所に異常な力が加わることで一気に崩れるイメージです。成功の要因と違って、失敗は原因を特定できる分、ダイレクトに役立つのです。

失敗の転換点を探るには、関係者の証言を多く集めることが鍵を握ります。「破綻の真相」の取材対象は、当事者である経営者のほか、社員、取引先などです。

経営者本人からコメントを得ることはかなりハードルが高く、毎回、成功するわけではないですが、記者は最大限の努力を尽くしてアタックします。その結果、156ページのケースのように、〝倒産体験〟を赤裸々に明かしてくれる経営者もいます。

しかし、それ以上に重要なのは、時には食い違う複数の証言をどう分析し、原因を特定するか。靴底を減らす地道な取材と、脳に汗かく考察の積み重ねの両輪なくして、「破綻の真相」にはたどり着きません。

本書は3章構成。経営破綻によく見られるパターンに基づいて23社のケースを分類しました。

第1章は「急成長には落とし穴がある」。

経営は慢心との戦いといっても過言ではありません。ヒット商品が出たばかりに慎重さを失い、ヒト、モノ、カネのバランスが崩れるのはよくあることです。高い技術力で世間から脚光を浴びたこと、金融機関からの潤沢な資金を調達できたことなども、それ自体は喜ばしいことですが、破綻の契機になり得るのです。経営においては、容易にプラスがマイナスに転じることを、実例が教えてくれます。

第2章は「ビジネスモデルが陳腐化したときの分かれ道」。

私たちは破綻企業の記事を書くとき、「かつて、その企業は業界をリードしていた」といった表現をよく使います。ビジネスモデルが秀逸で、業界のモデルケースとされていたような企業。そんな企業も、実は多く破綻しています。

経営環境が変われば、ビジネスモデルも変えなければなりません。それは誰もが知っている経営の常識です。ただ、頭では理解しているつもりでも、実行できるかというとなかなか難しい。そんなわなに陥ったのが、この章の企業です。

単に環境に適応できなかった、と書くのは簡単ですが、なぜ適応できなかったのか。経営者の判断の遅れなのか。イノベーションを起こせる若手人材が社内にいなかったからなのか。それとも財務体質に問題があったのか。真因を探るために周辺取材を重ね、できる限り、問題を掘り下げていきます。

第3章は「リスク管理の甘さはいつでも命取りになる」。

かつての日本では経済成長がリスクをカバーしてくれた側面がありました。例えば顧客の一社依存。大口顧客を抱えていれば、経営は効率的です。ただ、大口顧客そのものが勢いを失い、経営戦略を転換したらどうなるか。そうした大口顧客の変質により破綻する中小企業が今、急増しています。経営にはどんなリスクがあり、それにどう向き合うか。事例から多くの気付きが得られます。

各章では、破綻の定石をさらに小さく分類。通読すると、破綻には一定のパターンがあるとはっきり理解できるはずです。失敗例は再現性が高いといわれるゆえんです。

成功には定石はありませんが、失敗には定石があります。

「成功はアートだが、失敗はサイエンス」と表現してもいいかもしれません。

本書はあくまでも、企業破綻の真因を探り、失敗の定石を導くことを目的にしています。そのため、2つのことをご承知おきください。

1つ目は、基本的に記事掲載時の情報であることです。

本書の中には、破綻後、スポンサーの出資を受けるなどして、再生に向かいつつある企業もあります。それは、その企業を詳しく取材した私たちにとっても、大変うれしいことです。ただ、本書はそうした後日談には、基本的に触れていません。破綻の真因にフォーカスすることを第一義にしているため、破綻に至る経緯に絞って書いています。登場企業の社名、人物の肩書、取引状況などが掲載当時のままであるのも、同じ理由です。

2つ目は、破綻企業を経営していた社長名などを仮名にしたことです。日経トップリーダーの「破綻の真相」では実名で掲載しています。それは企業報道の原則です。ただ破綻から年数が経過し、新たな人生を歩んでいる元経営者もいます。繰り返しますが、本書の目的は失敗の定石を示すことであり、実名を記載することで当事者に迷惑をかけることになるのだとしたら、それは本意ではありません。

もちろん、インターネットなどで検索すれば、その企業を経営していた社長の名前などは容易に見つけられると思います。それでもあえて本書で匿名表記にしたのは、個人を誹謗中傷するつもりは毛頭なく、ただひたすらに、経営における問題の所在を知りたいという私たちのスタンスを表したものだと考えてください。

最後に、この場を借りて帝国データバンクの皆様と、東京商工リサーチの皆様に感謝を申し上げます。私たちの破綻取材は、信用調査会社である両社の調査員への取材から始めることが多いのです。破綻前からその企業をウオッチしている調査員の目線は大変参考になり、その後の取材の土台になるものです。文中に出てくる負債総額や業績推移などの数字も、両社から資料を提供いただいています。両社名を謹んで表紙に記載しているのは、そうした理由からです。

では、これから23社を一気に紹介していきましょう。いずれも、かつては我が世の春を謳歌していたり、平穏な日々を送っていたりした企業です。それがなぜ、倒産しなければならなかったのか。皆さまも、原因を考えながら読み進めてください。

なぜ倒産

目次

はじめに——002

第1章
急成長には落とし穴がある——017

破綻の定石1
脚光を浴びるも、内実が伴わない——018

CASE1
遠藤商事・ホールディングス［飲食チェーン運営］——019

CASE 2 グルメン［物流受託、食品卸売り、スーパー経営］―030
CASE 3 みらい［植物工場の開発販売］―040
破綻の定石 2 幸運なヒットが、災いを呼ぶ―050
CASE 4 ヒラカワコーポレーション［寝具・寝装品などの製造販売］―051
CASE 5 エプコット［海外映画、ドラマDVDなどの制作・販売］―060
CASE 6 長崎出版［書籍出版］―070
破綻の定石 3 攻めの投資でつまずく―080
CASE 7 エルピー技研工業［カーペット清掃用粘着テープなどの製造・販売］―081
【COLUMN】倒産の定義と現況―090

第2章

ビジネスモデルが陳腐化したときの分かれ道——093

破綻の定石4 世代交代できず、老舗が力尽きる——094

CASE 8 平和堂貿易［宝飾品・腕時計の輸入販売］——095

CASE 9 鈴萬工業［配管資材、機械工具の卸］——104

破綻の定石5 起死回生を狙った一手が、仇に——114

CASE 10 東京もち［切り餅などの製造］——115

CASE 11 吉田［服飾雑貨卸］——126

破綻の定石6 負の遺産が、挽回の足かせに――136
CASE 12 アート・スポーツ［スポーツ用品店運営］――137
CASE 13 テラマチ［機械部品の製造］――146
【MESSAGE】会社を潰した社長の独白❶ 事業縮小を嫌がる社員たちを説得できなかった――156
破綻の定石7 危機対応が後手に回る――170
CASE 14 大山豆腐［豆腐・納豆などの製造］――171
CASE 15 キッズコーポレーション［イベントの企画制作、運営］――180
CASE 16 装いの道［着物教室の運営、呉服・和装用品の販売］――190
CASE 17 ジュネビビアン［女性向けフォーマルドレスの製造・販売］――200

第3章
リスク管理の甘さはいつでも命取りになる――211

破綻の定石8
売れてもキャッシュが残らない――212

CASE18
ホンマ・マシナリー［大型工作機械の製造］――213

CASE19
美巧［財布など袋物の製造販売］――222

破綻の定石9
1社依存の恐ろしさ――230

CASE20
イイダ［精密板金、機械組み立て］――231

CASE21
アルベリ［和洋菓子の製造・販売］――240

破綻の定石10 現場を統率しきれない――250
CASE22 プレスコ【化粧品の製造・販売】――251
破綻の定石11 ある日突然、謎の紳士が……――260
CASE23 ユタカ電機製作所【電源装置の製造】――261
【MESSAGE】会社を潰した社長の独白❷ もっと早く本業を磨けばよかった……――272
おわりに――286

第1章

急成長には落とし穴がある

破綻の定石1

脚光を浴びるも、内実が伴わない

倒産（経営破綻）とは「資金が回らなくなる」こと。実は成長期こそ危ない。売り上げが急増すれば、事業継続に必要な運転資金も加速度的に増す。ヒト、モノ、カネを管理する難易度も上がる。土台固めを後回しにして散る「気鋭の企業家」は多い。

CASE 1

格安ピザ店で80店超に急成長
借り入れ頼みで資金繰りが限界に

遠藤商事・ホールディングス
［飲食チェーン運営］

90秒で調理できる仕組みを考案し、ナポリ風本格ピザのチェーン店を80店超展開した。しかし、急成長に人材育成が追い付かず、収益力は伸び悩んだ。出店のための借り入れが膨らんだ結果、追加融資が難しくなり、資金繰りが滞った。

東京・目黒のマンション1階にあった遠藤商事本社。破産申請当日には債権者が集まった

「イタリアと同じ本格的なピザをワンコインで提供する」「日本一のベンチャーになる」。かつて、遠藤商事・ホールディングス(正式社名は「Holdings.」)を率いる足立壮太社長(仮名)のそんな言葉に心酔していた社員やフランチャイズチェーン(FC)店オーナーは、ついにその日が来たかと感じた。

2017年4月28日、遠藤商事は東京地方裁判所に破産を申し立て、手続き開始決定を受けた。創業から6年で直営店とFC店を合わせて一時は国内外に80店以上を展開。2016年9月期には売上高25億2000万円を確保していた同社の破産は大きな波紋を広げた。申し立て当日は、東京・目黒のマンション1階にある本社前に債権者や社員が押し寄せたという。

5月11日、遠藤商事関係者に取材できないかと本社を訪ねた。ドアを開けると、スーツ姿の男性がいた。前日に取材依頼をした申立代理人の弁護士で「昨日電話で話した通り、破産手続きの最中で、取材には応じられない」と再び断られたため、本社を後にし、自由が丘駅近くの直営店に向かった。

すると、背後から若い男性が駆け寄ってきて「記者の方ですね。お金もらえるなら、俺が話してもいいです」と声を掛けられた。取材で金銭は払えないと告げると、男性は残念そうに立ち去った。数十秒のわずかな会話だったが、今後の生活の不安などを訴えそうな従業員の思いは伝わってきた。

ピザ1枚90秒で提供

遠藤商事は2011年5月の設立。イタリア料理店などで経験を積んだ足立社長が、コンサルティングをするはずだったオープン前のイタリア料理店の運営を任されたのが起業のきっかけ。これが東京・吉祥寺の1号店「ピッツェリア バール ナポリ」だ。ピザのほか、肉や魚の料理もある客単価3000円程度のイタリア料理店で、この店をモデルに多店舗化を始める。

「ナポリ」業態の成功を足がかりに、遠藤商事は駅前の一等地でファストフード需要を狙うピザ店「ナポリス ピッツァ アンド カフェ」を開発し、FC展開を積極化した。2012年4月、「マルゲリータ1枚350円」を打ち出して東京・渋谷に1号店を出すと女性客が殺到。同年8月には、他社と共同で「ナポリス」100店を目指すFC運営会社を設立した。

積極出店の武器となったのが、誰でもピザがうまく焼けるという窯や生地伸ばし機のセット。アルバイトでも1枚90秒で本格ピザを提供できるコック不要の店を訴求した。この仕組みが評価され、遠藤商事は2015年、16年と相次いで、飲食業界を変える優れたベンチャー企業として表彰を受けた。業界の枠を超えて注目企業になった。

人材育成が追い付かない

しかし、スポットライトが当たる陰で、急成長による歪みが生まれていた。複数のFC店オーナーが「倒産の最大の要因は、出店のスピードが速すぎたことだ」と口をそろえる。一般に、FCチェーンの本部はそのノウハウをFC加盟店に提供してロイヤルティーを得る。マニュアルや教育の仕組みを整え、スーパーバイザー（SV）の社員が定期的に担当の店を回って店の運営をフォローする。

遠藤商事は、こうしたFC店を支援する仕組みが店舗拡大を急ぐためにおろそかになった。「普通なら営業前の何日かは教育研修があるものだが、遠藤商事は『うちでしばらく人を出しますから、すぐ店をやりましょう』と出店を進めることが多かった」とある

ファストフード需要を狙った「ナポリス ピッツァ アンド カフェ」の自由が丘店
（店名のロゴなどは画像処理で消しています）

「ナポリス」の集客の
目玉だったピザ。最も
安い「マルゲリータ」は
350円だった

FC店オーナーは振り返る。

ところが「2、3カ月すると、遠藤商事から手伝いに来ていた社員は、別の新規出店を支援するためにいなくなってしまう」(同)。遠藤商事の社員がいなくなると、店の人手が足りなくなり、売り上げが低迷するFC店もあったようだ。店が増えるほど、数人のSVだけでは対応しきれず、各店舗への支援はますます不安定になった。

足立社長は100店達成の夢を追うため、「いったん出した店の撤退をとにかく嫌った」(あるFC店オーナー)という。利益が出なくなりFC店オーナーが撤退を申し出ると、足立社長は「応援するから続けましょう」と社員による支援を強化し、それでも不振が続く場合は、遠藤商事がFC店の運営に直接乗り出した。

しかし、すべての店で収益を改善することはできない。

それでも、遠藤社長は出店のアクセルを踏み続けた。「中には信用に乏しいFC店オーナーの代わりに遠藤商事が直接、物件の賃貸契約を結ぶケースまであった」(信用調査会社)という。

2014年頃からは、スペイン料理店、カレー店、ラーメン店などを相次いで開き、ピザ以外の売り上げ確保を狙った。2015年からは、インドネシア、中国など海外にも進出した。

しかし、金融機関からの借り入れに頼った強気の出店で運転資金を確保する手法は長続きしない。負債が増えて金融機関の姿勢が変わると、一気に資金繰りは苦しくなった。海外出店も順調なところばかりではなく「契約でもめて閉めた店もいくつかあった」（遠藤商事の関係者）。

遠藤商事は、この頃から自転車操業に追い込まれていたようだ。比較的最近加盟したFC店オーナーの話がそれを裏付ける。

このFC店オーナーが保証金と加盟金を支払うとすぐ、店舗物件が決まる前に遠藤商事から電話があり「窯はイタリアから運ぶので発注を急ぐ必要がある。代金500万円と搬送料50万円程度をまず払ってほしい」と告げられた。

物件も決まっていないのに窯の発注は無理と返答すると「中型の窯ならどんな物件でも合うから、とにかく発注してほしい」とせかされたという。

給与未払いで閉店始まる

2016年末からは取引先への支払いが滞ることが増え、信用調査会社への問い合わせが多くなった。

2017年4月半ばには、代金の未払いが続いたある取引先が遠藤商事の預金の仮差し押さえに動いた。そのため本部に集めたFC店の売り上げからロイヤルティーを引いた分のFC店への戻しや、従業員への給与支払いが止まる。

給与の未払いで出社をやめた従業員が出て一部の店は閉めざるを得なくなった。遠藤商事の手元資金はさらに減り、ついには営業を続けられずに、破産に至った。

遠藤商事は店舗拡大の目標達成をあまりに急ぎすぎた。その理由を尋ねようと、足立社長に弁護士を通じて取材を申し込んだが、前出のように「破産手続き中」を理由に応じてもらえなかった。

足立社長は「ナポリス」という業態を生み出し、「外食ベンチャーの雄」として注目を集めた。しかし、足立社長の考えたビジョンがいかに優れたものでも、少ない投資で成長できるＩＴベンチャーなどと飲食ビジネスは違う。実際に食材や酒を仕入れる必要があり、店舗拡大には家賃や保証金などの費用がかかる。足立社長はその点を甘く見ていたとしか思えない。社内にも、足立社長に手元資金の重要性を教え、出店に歯止めをかける財務に明るい人間は最後まで育たなかった。

なお、遠藤商事の破産手続き開始とともに、同社が所有していた「ナポリ」「ナポリス」などの商標権は、これらの商標に担保権を設定していた飲食店経営支援会社に移転した。この飲食店経営支援会社は、２０１７年7月に業務提携を発表し、これらの商標を用いたピザ店のＦＣ展開に新たに乗り出している。現在のナポリ、ナポリスは遠藤商事とは関係がない。

（２０１７年6月号掲載）

注目浴びる陰で歪み拡大

破綻の要因

100店舗達成を目指して強引な出店を続けた

急成長で人材が不足し、店舗の支援がおろそかに

相次ぐ出店で負債が増えて借り入れができず、資金繰りが限界に

急成長しても利益は低迷

遠藤商事・ホールディングスの業績推移

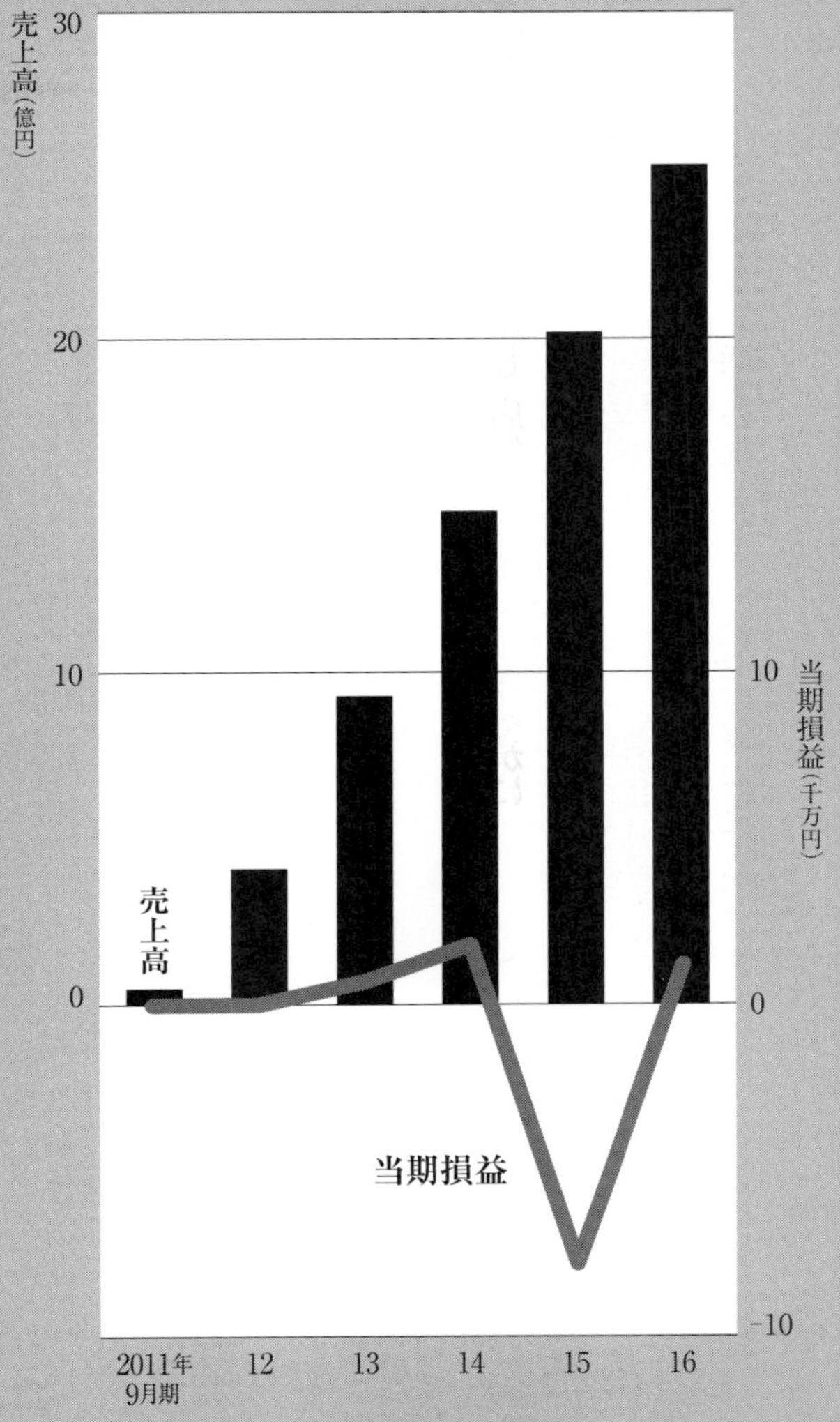

CASE 2

赤字続きだった「流通界の新星」売上至上主義で、社員が次々退職

グルメン

［物流受託、食品卸売り、スーパー経営］

グルメンの本社が入るビルは東京・港区の汐留エリアにあった

物流業務を一括受託する「3PL」で成長。食品卸売り、スーパーにも注力していた。トップに事業創造の力はあったが収支管理が甘く、実態は赤字続きだった。スーパー業界の再編に巻き込まれて大口顧客を失い、自力再建の道が途絶えた。

東京・汐留に本社があるグルメンの井上剛社長(仮名)は、かつて「食品流通界の新星」として新聞や雑誌で脚光を浴びていた。だが2014年1月24日、グルメンは東京地方裁判所に民事再生法の適用を申請した。

井上社長は新事業を見つける力には長けていたようだ。父は京都商家の16代目で印刷会社を経営していた。父と対立した井上社長は自ら印刷会社を興すもうまくいかず、関東にある妻の実家に身を寄せる。そこで製麺会社に勤めたことがきっかけで、1984年に生麺の卸売会社を創業した。

ただ生麺だけでは十分な利益が出ない。そんなとき納入先のスーパーで「京都ブランドの豆腐が欲しいが、老舗は取り合ってくれない」という悩みを聞いたことから、地方の特徴あるチルド(冷蔵)食品を集め、関東のスーパーに卸す事業をひらめく。

持ち前の行動力で各地の老舗を口説き落とし、スーパーとの取引を拡大。この仕事で物流会社との接点を深くした井上社長は、成長を求めて物流事業に自ら進出する。顧客は豆腐や漬物、佃煮など和日配《わにっぱい》と呼ばれるジャンルの食品メーカー。中小企業が多い和日配の配送は手間がかかり、大手卸会社が敬遠していたからだ。

その後、スーパー業界で自前の物流センターをつくる動きが始まると、主要顧客をメーカーからスーパーに移す。これが今から20年ほど前の話で、物流のアウトソーシングを請け負う3PL（サード・パーティー・ロジスティクス）の先駆けとして注目を集めた。

商機を探り変幻自在に主力事業を変えてきたグルメンは、3PL市場の拡大に乗って2004年3月期には売上高を100億円の大台に乗せた。「たいらや」「つるかめランド」など中堅・中小スーパーのほか、ディスカウントストア「ドン・キホーテ」の食品部門なども顧客に抱えていた。

この時期と相前後して株式上場の準備を始める一方、トヨタ自動車などからの出資も得る。トヨタに出資要請したのは「企業文化や風土を吸収したかった」（2005年1月7日付日経MJ）ことを理由に挙げていたが、他の大手数社にも出資を要請しており、対外的な信用力向上も狙ったのだろう。

再生手続開始申立書によると、トヨタの出資比率は1・4％。当時出資に応じた理由をトヨタは「コメントできない」とするが、グルメンの成長力に見るべきものがあると考えたのかもしれない。

社員の離職率が高い

だが表向きは順調でも、内部では問題を抱えていた。

1つは収支管理が甘かったこと。グルメンは自社でトラックを保有せず、運送会社に外注した。物流センターは首都圏に破綻時点で7カ所あり、いずれも賃借物件。資産を抱えない分身軽な経営ができるが、きめ細かな収支管理ができなければ利益率が落ちやすい。

「他の物流会社でも外に委託するケースはよくある。ただグルメンは運送会社に丸投げで管理が甘かった」とある運送会社の役員は指摘する。例えば1日2万円で十分配送できるルートなのに、2万4000円でグルメンに請求すると、それで通るのだという。

この点はグルメンも認める。破綻の前年、取引先に配った改善計画にこうある。「拠点ごとに独自の物流網を確立しており、運賃も拠点ごとにバラツキがありました。これにより拠点間が線でつながっていない配送ルートとなり、効率(積載率)の悪いコースも基本的に満額の運賃を支払っているため配送コストが過大となっておりました」。

丸投げといっても、物流センターを管轄する社員はいた。彼らが管理の甘さに気付いていた可能性はあるが、仕組みを変えるには至らなかった。その理由は「井上社長が現場の声に耳を傾けなかったからだろう」（運送会社の役員）。この点が、グルメンが長年抱えていた問題点の2つ目だ。

グルメンの正社員は59人だが社員の入れ替わりが激しく、複数の関係者が「辞めた社員が経営陣の批判をよく口にした」と証言する。

井上社長は3PL以降も事業開発に熱心で、低価格食品スーパー「!mart（アットマート）」の展開や、食品メーカーの過剰生産品をインターネットオークションで小売店に販売する「グルメン市場」事業などに進出。「新しい流通スキームの構築を目指す」という井上社長の方向性は納得できるが、前のめりになりすぎ、社員のほうを向いていなかった面がある。

社長の機嫌取りで粉飾？

そのツケが会社を揺るがす。経理社員による粉飾決算だ。

食品流通を軸に事業を広げていたが……

低価格スーパーを志向したが、特徴を打ち出しきれなかった

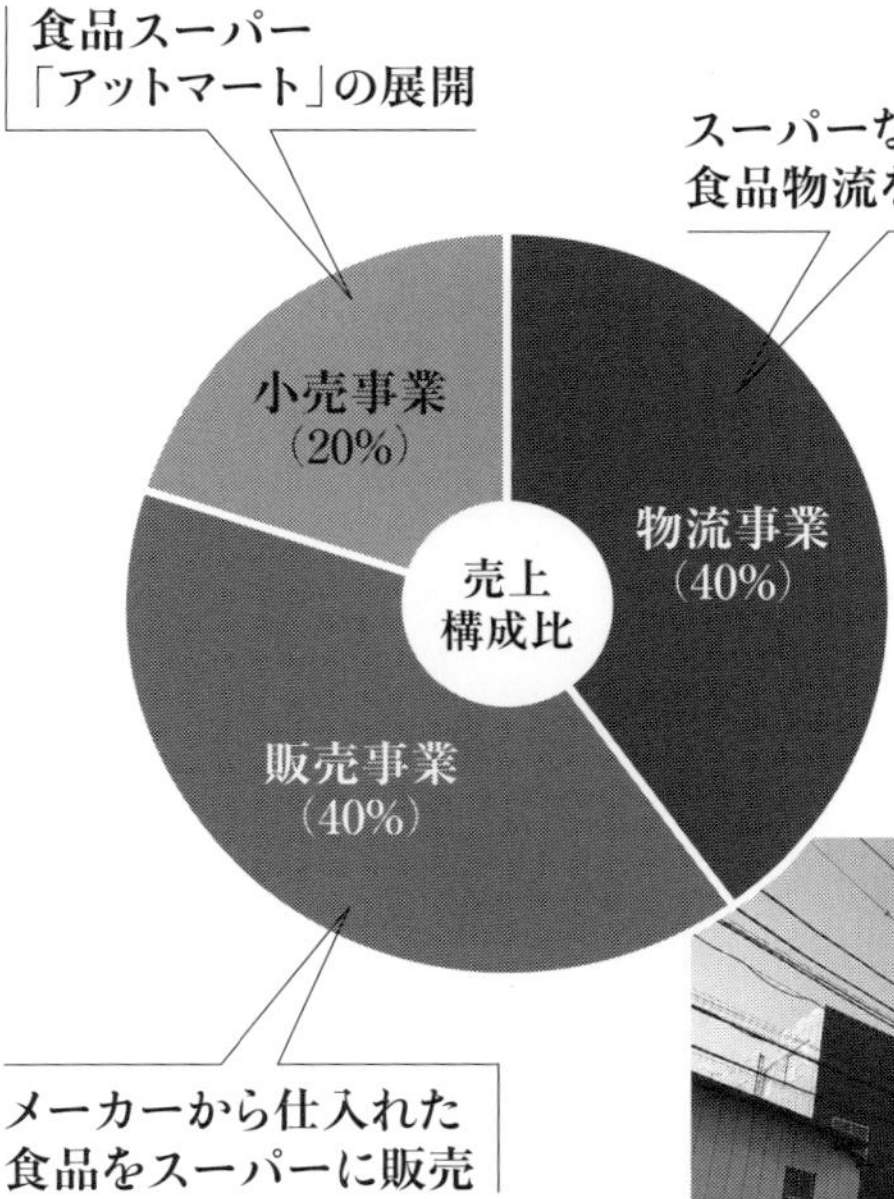
スーパーなどの
食品物流を請け負う

首都圏に7カ所の物流センターがあった

グルメンの資料によると、遅くとも2006年頃から売り上げの水増しなどに着手し、2011年までに累計14億円に上る帳簿操作がなされていた。営業一筋で経理を社員任せにしていた井上社長は黒字と信じていたが、実態は赤字続きだった。

グルメンを長年取材してきた食品業界専門の信用調査会社、食品速報（東京・新宿）の担当者は「売上至上主義の井上社長に押された営業の担当が、経理社員を巻き込んで架空売り上げを実行したようだ」と説明する。

つまり井上社長の機嫌を損なわないために粉飾に手を染めたというのだ。井上社長が本当に気付いていなかったかどうかは定かでないが、約20億円に及ぶ債務超過の現実だけが残された。

粉飾という3つ目の問題が発覚し、グルメンの信用力は大きく低下する。とどめを刺したのが、売上高の2割を占めるテスコジャパンの日本撤退。英テスコは2003年に「つるかめランド」を展開するシートゥーネットワークを買収し日本に参入したが、業績不振のため、イオンに株式を売却した。

グルメンはテスコジャパンの物流部門を受託していたほか、食品の卸売先としても大口顧客だった。それがプライベートブランド（PB）に注力するイオンの物流網の中に組み込まれることで、売上高は最終的にゼロになった。

ここまで来れば、さすがに打つ手なし。約40億円の負債額（東京商工リサーチ調べ）を抱えて白旗を上げた。グルメンは中堅スーパー、エコスの支援の下で再生に向かう。井上社長に取材を申し込んだが回答は得られていない。せっかく商才を持ちながら、売上至上主義でつまずいてしまった。

（2014年3月号掲載）

収支管理の甘さを変えるに至らず

破綻の要因

売上至上主義の社長の下で収支管理がずさんで、利益を捻出できない

経理担当者社員が、架空売り上げを計上していた

売上高の2割を占める大口取引先を失った

実態は赤字続きだった

グルメンの業績推移

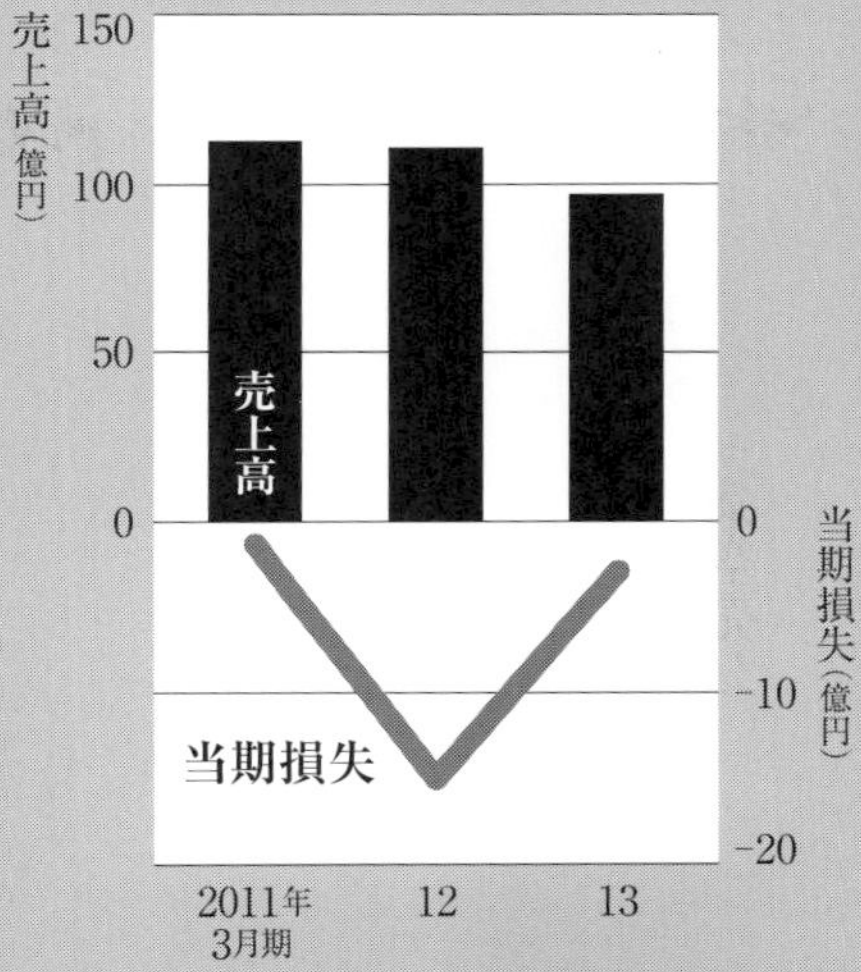

2013年3月期の貸借対照表

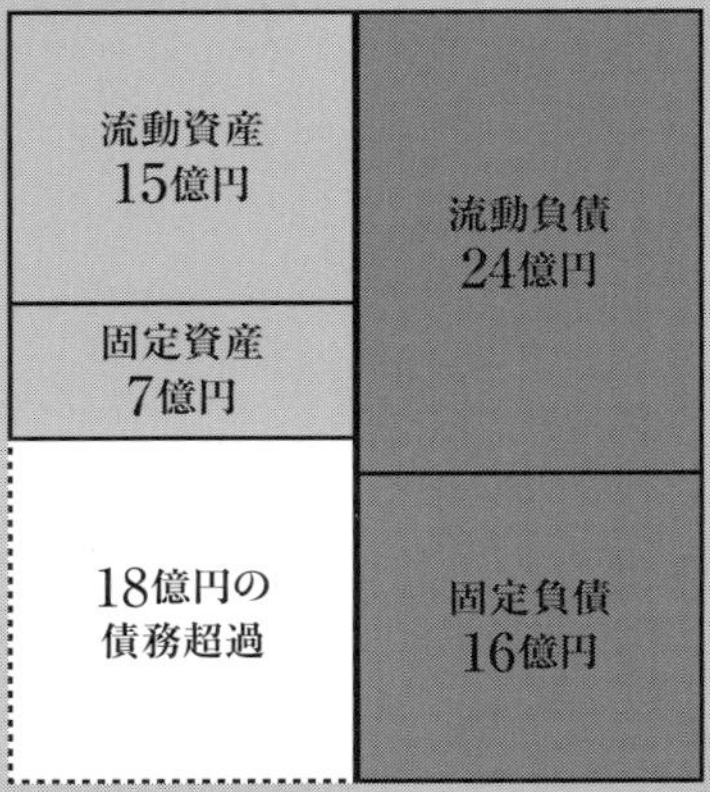

※再生手続申し立てに際し、グルメンが作成した資料より。粉飾分が損失計上されている

CASE 3

植物工場ブームの旗振り役 事業の急拡大で制御不能に

みらい

［植物工場の開発販売］

「みらい畑」ブランドのカット野菜を、食品スーパーなどで販売していた

「未来の農業」と期待がかかる植物工場。この先頭を走っていた会社が破綻した。技術力に一定の評価はあったが、組織拡大で経営力の乏しさが露呈した格好に。工場のオペレーションもままならず、大赤字を出し、資金がショートした。

植物工場の会社といえば、真っ先にその名が挙がるほど、みらい(東京・中央)は業界をリードする存在だった。そのみらいが2015年6月29日、突然、東京地方裁判所に民事再生手続開始の申し立てをした。

室内で温度や湿度、炭酸ガス濃度などを調節し、太陽光または人工光で、野菜を安定的・効率的に育てるのが植物工場。無農薬で栽培できる上、条件が整えば、通常の露地栽培より収穫サイクルを大幅に短縮することが可能だ。

みらいは、この植物工場の装置を販売するほか、自社工場の運営にも乗り出していた。社名が広く知られるきっかけになったのは2007年、南極・昭和基地に調査隊員の食料用として、みらいの植物工場が導入されたことだ。

2004年の創業から、3年での栄誉。これ以降、みらいは経済番組「ガイアの夜明け」(テレビ東京系)をはじめ、多くのメディアに取り上げられる。食の安全性に対する意識の高まりも、みらいにとっては追い風になった。

国内では1980年代から植物工場の研究が広まったが、本格普及には至っていない。みらいを創業し、経営全般を取り仕切っていた内山太郎会長(仮名)は1971年生まれと業界内では若く、その手腕に大きな期待が寄せられていた。

そんな植物工場ベンチャーが破綻した理由は何か。

ちぐはぐな決算

財務データからは、みらいの混乱ぶりが読み取れる。

直近の2015年3月期は、8億1100万円の売上高に対して、経常赤字は6億3500万円。粗利益(売上総利益)すら稼げておらず、3億円近い粗損失を計上していた。負債総額は、売上高を上回る約11億円に上った(東京商工リサーチ調べ)。

東京商工リサーチ情報部の担当者によれば、債権者集会で、渡辺健二社長(仮名)はこう語ったという。「オペレーションが確立しないまま工場2棟を稼働させたため、歩留まりが上がらなかった。販路もきちんと確保していなかったので、一時は半分が廃棄ロスになっていた」。

工場2棟とは、宮城県多賀城市の「多賀城グリーンルーム」と、千葉県柏市の「柏の葉第2グリーンルーム」を指している。どちらも2014年に稼働し、レタスなどを1日1万株収穫できる能力を備えており、大型植物工場として業界内で注目を集めていた。

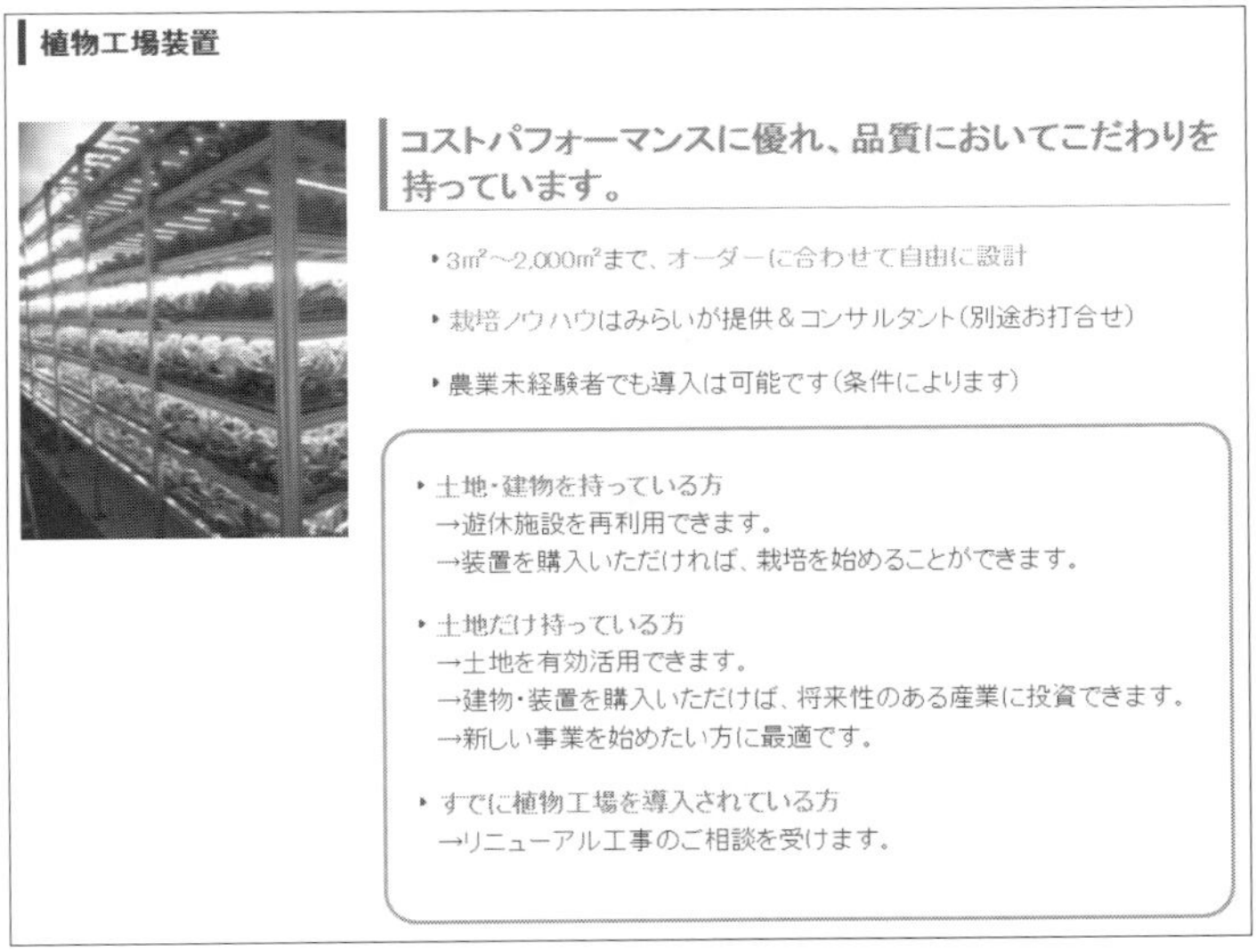

植物工場装置

コストパフォーマンスに優れ、品質においてこだわりを持っています。

- 3㎡〜2,000㎡まで、オーダーに合わせて自由に設計
- 栽培ノウハウはみらいが提供＆コンサルタント（別途お打合せ）
- 農業未経験者でも導入は可能です（条件によります）

- 土地・建物を持っている方
  →遊休施設を再利用できます。
  →装置を購入いただければ、栽培を始めることができます。
- 土地だけ持っている方
  →土地を有効活用できます。
  →建物・装置を購入いただけば、将来性のある産業に投資できます。
  →新しい事業を始めたい方に最適です。
- すでに植物工場を導入されている方
  →リニューアル工事のご相談を受けます。

みらいのホームページでは、コストパフォーマンスの高さをうたっていたが、現実はそれほど甘くなかった（上写真）。下の写真は、2014年に稼働した千葉県柏市の自社工場

この2工場が大量の廃棄ロスを出していたという事実は、関係者を驚かせた。本来、天候や病虫害に左右される露地野菜に比べ、植物工場の野菜は歩留まりが高いとされる。しかしみらいは、歩留まりの低迷に苦しんでいた。

植物工場というと、一度装置を組み上げれば、種まきから収穫まで自動的に進むようなイメージを抱く人もいるが、違う。野菜の生育状況を見ながら、常に環境を微調整しなければならない。収穫は手作業に頼る部分が多く、納入先の要望に合わせて野菜をカットしたりする手間もかかる。

しかも、設備代や電気代などを上乗せするため、価格は高め。みらいの野菜は「みらい畑」ブランドで販売されていたが、破綻直後、千葉県内のスーパーで確認すると、100g弱が入った少量パックのレタスで税込み204円だった。一方、露地栽培のレタスは安いもので1玉200円を切る。

植物工場の運営で黒字化するには、従業員の仕事の進め方やシフト管理を工夫しつつ、価格が多少割高でも、無農薬の安心感や、水洗いせずに使える利便性を求めて買ってくれる売り先を確保することが不可欠だ。廃棄ロスが半分というのでは話にならない。

みらいは、そうした経営面がなおざりになっていた。

千葉大学大学院自然科学研究科を卒業した内山会長は、もっぱら研究者肌の経営者との評判だった。「組織をマネジメントしたり、資金繰りを考えたりするのが得意な人では全くなかった」と、内山会長に近しい人は証言する。

ただ、仮に経営が苦手だとしても、販路をきちんと確保しないまま大型工場を2つも立ち上げるというのは、理解しがたい。

しかも2工場の建設・稼働と並行して、みらいは複数の事業を進めていた。2014年から15年にかけて国内の企業や団体のほか、ロシアやモンゴルなどにも、立て続けに植物工場を販売したのだ。

それらの国では、寒冷期の野菜栽培が難しいため、植物工場に対する潜在ニーズが大きいことは理解できる。しかし、海外に装置を納めるには人手もかかる。2工場の稼働と合わせると、みらいには相当な負荷がかかったはずだ。

補助金でブームに

もともと、みらいの事業規模は知名度の割に小さかった。自社工場は、産学連携の一環で千葉大学構内に設けた「柏の葉第1グリーンルーム」だけで、従業員は20人ほどだった。それがここ最近の2工場稼働などで、従業員はパートを含めると約120人に膨れ上がったと見られる。

なぜ、内山会長は性急に事を進めたのか。ある関係者は「植物工場ブームの中で自分を見失ったのではないか」と指摘する。

植物工場ブームを招いた要因の1つは、補助金だ。2009年以降、経済産業省と農林水産省は、植物工場関連の研究・普及促進のために、累計で100億円以上の補助金を用意してきた。この機を捉え、建設会社や不動産会社など、さまざまな業界の企業が続々と植物工場の市場に参入してきた。

「2、3年前からは、IT企業の経営で稼いだ資金を運用したいという人など、投資家も大勢、みらいのもとにやってきた。世界的な水不足などを背景に、未来の農業として海外の見学者も後を絶たなかった」(関係者)という。

一方で植物工場を開発するライバル企業も多数台頭し、みらいは、安穏としていられる状況ではなくなっていたという面もある。おそらく内山会長は「ここが勝負どころ」と踏んだのだろう。だが経営者として、組織の急拡大をコントロールする力はなかった。

破綻後、みらいのもとにはスポンサー希望の問い合わせが殺到したという。植物工場に向けられる熱視線が弱まる気配はない。

（2015年9月号掲載）

植物工場ベンチャーとして注目されたが……

破綻の要因

販路を確保しないまま、大型植物工場を立ち上げた

植物工場を海外で展開するなど性急に事業を拡大した

組織の急拡大をコントロールする力がなかった

原価割れで、粗利益すら確保できていなかった

みらいの業績推移

	2013年3月期	2014年3月期	2015年3月期
売上高	4億500万円	2億9039万円	8億1116万円
売上原価	2億3028万円	3億949万円	11億230万円
売上総損益	1億7472万円	▲1909万円	▲2億9114万円
販管費	1億6435万円	2億7536万円	3億3025万円
営業損益	1037万円	▲2億9446万円	▲6億2140万円
経常損益	1036万円	▲3億2816万円	▲6億3587万円

※みらいの公表資料を基に作成

破綻の定石2

幸運なヒットが、災いを呼ぶ

ヒット誕生の要因には、経営者の手腕もあれば、時の運もある。

勢いに乗って積極投資した後で一過性のブームと判明し、過剰債務が残って経営破綻。そんなケースは後を絶たない。

慢心から社員の信頼を失う経営者も少なくない。

CASE 4

大ヒット後の設備投資が裏目
次なる新商品の不発で窮地に

ヒラカワコーポレーション

［寝具・寝装品などの製造販売］

節電ブームを追い風に冷感寝具をヒットさせ、工場新設や本社移転などに投資した。その回収のために売り上げ維持を図り、利益の薄い商品に注力した。〝2匹目のドジョウ〟を狙った新商品も当たらず、資金繰りに行き詰まった。

東京・日本橋にある本社ビルを売却してリストラするも破産に

寝苦しい夜にひんやりとした肌触りで暑さを和らげる冷感寝具。東日本大震災による節電意識の高まりをきっかけに、注目を集めた。その1つが、敷布団の上に広げる敷きパッドで、室温より1・5度低くなる性質のジェルを用いた「ひんやりジェルマット」。2011年には前年の2倍以上売れ、生産が追いつかないほどのヒット商品になった。

これを製造・販売してきたヒラカワコーポレーション(東京・中央)が、東京地方裁判所に破産を申し立て、2016年11月9日に開始決定を受けた。東京商工リサーチによれば、同年1月期の負債総額は約28億8000万円。既に同年8月に全従業員を解雇して弁護士に事後処理を一任、事実上事業停止に追い込まれていた。

同社の設立は1989年。寝具や寝装品などの製造と販売を手掛けてきた。法人登記簿には、羽毛寝具、衣料製品や畳材料の輸出入なども設立の目的と書かれている。

製造は中国で行っていた。1994年、江蘇省に合弁会社を設立して羽毛製品の製造を始め、寝装品の製造工場や畳材料を扱う会社を合弁または独自資本で、次々中国に開設した。

2007年に中国で「ひんやりジェルマット」の製造を始め、翌年には日本での販売を開始。そして韓国や米国にも販路を広げていく。国内では、ディスカウントストアやカタログ、インターネットなどの通信販売を主な販路とした。

売り上げが2倍の40億に

転機になったのは、2011年。前述したように東日本大震災の影響で、消費者が冷感寝具を求めるようになったのだ。「ひんやりジェルマット」の売り上げは大幅に増加。これに伴い、ヒラカワコーポレーションの2012年1月期の売上高は42億5400万円と、2011年1月期の約20億円に比べ2倍以上になった。

一方で2011年から同社は、積極的な設備投資を行う。1つは、福島県白河市内の工業団地に土地と工場を購入したこと。工場、倉庫、事務所など合わせて5000㎡を大きく超える不動産の取得に伴い、同社は1億5000万円の根抵当権を設定している。

また、東京・日本橋にあった本社を移転し、近隣に5階建てのビルを購入した。こちらには3億1300万円の根抵当権を設定しており、多額の設備投資をしたとみられる。

続いて2012年には、千葉県浦安市に倉庫と配送センターを建設。翌年には、同じ浦安市内にショールームもオープン、販路拡大を狙って法人向けに寝具・インテリア商品を展示し始めた。

その後、ヒラカワコーポレーションの売上高は、2013年1月期約32億円、2014年1月期約41億円と増減しながら、2015年1月期には54億1600万円と50億円の大台に乗る。ただし、この期の当期利益は1500万円あまりで「ひんやりジェルマット」がヒットした2012年1月期以降、1000万円台のままほとんど増えていない。

利益よりも売上高を重視したと見られる背景には、金融機関の意向があったようだ。

この頃には、節電意識の落ち着きと需要の一巡が重なって、「ひんやりジェルマット」で大きく稼ぐのは難しくなっていたと見られる。そんな中で売り上げの維持が求められ、同社は利幅の薄い寝具小物や雑貨に力を入れるようになったという。

特許侵害指摘で伸び悩み

ただ、手をこまぬいてはいなかった。次なる新商品「アイダーウォームス」を開発し、市場に投入したのだ。これは羽毛に似せた軽くて暖かい新素材のこと。同社はこれを利用した寝具を売り出した。

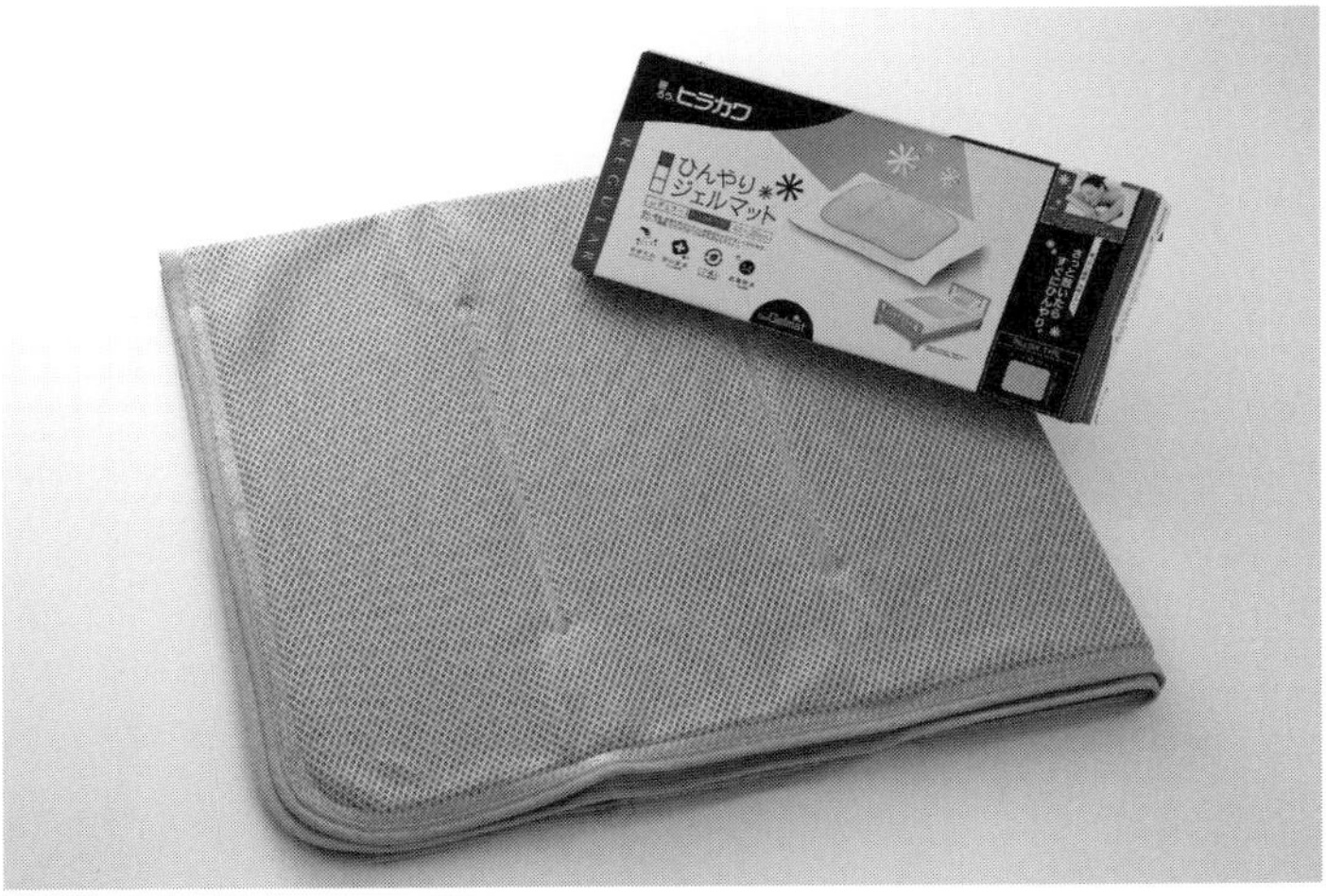

節電意識の高揚を追い風に売り上げを倍増させた原動力の「ひんやりジェルマット」

福島県白河市にある工場。土地・建物を購入、関連会社を設立して運営していた

しかし、2016年1月期の売上高は36億円あまりと、2015年1月期に比べて20億円近くの減収となった。当期損益も、5年続いた黒字から1億4000万円近い赤字に転落。新製品を「ひんやりジェルマット」のようなヒット商品には育てられなかった。

その理由として、破産の申立書には「製造方法などについて第三者の特許権を侵害している可能性があると指摘されたため、販売が思うように伸びず」との記述がある。また関係者の間からは、主力取引先が販売に消極的だったという話も聞かれる。さらに、暖冬の影響を受けたという見方もある。

ヒラカワコーポレーションの幹部らは、金融機関に返済期限の延長を申し入れたというが、うまくはいかず、2016年8月に従業員の解雇と事業の停止を余儀なくされた。

ヒットには落とし穴も

それと前後して、浦安の倉庫・配送センター、本社の土地・建物などの資産を相次いで売却、会社の整理に入る。そして同年11月、ついに破産を申し立てた。

本誌は申し立て代理人の弁護士に倒産理由の確認や、元社長へのインタビューを申し込んだが、応じてもらえなかった。主力取引先の上場企業にも取材を依頼したが「状況を完全に把握してはいないので話しにくい」(広報担当者)とのことだった。

ヒット商品に恵まれて業績が伸びれば、それで得た資金に借入金を加えて設備投資を行い、次なる事業展開を図ろうとするのは経営者として自然な考え。だが、新しい本社ビルまで購入する必要があったかどうかは疑問が残る。

「ひんやりジェルマット」のヒットが、東日本大震災という未曽有の大災害による〝特需〟に支えられた面が大きかっただけに、なおさらだ。

東京商工リサーチ情報部の担当者は、ヒラカワコーポレーションの例を踏まえ、「思いがけない売り上げ増に恵まれたら、それが実力によるものなのかそれともツキによるものなのか、さらにどのくらい続きそうかなどを十分見極める必要がある」と話す。

事業拡大のために設備投資を行って借入金が膨らめば、特需が去って通常の売り上げに戻った場合、返済が困難になることは十分あり得る。ヒット商品を出せた場合でも、無理に拡大に走らず身の丈に合った経営を続けることが、成熟した経済の中で中小企業に求められるのかもしれない。

(2017年1月号掲載)

“2匹目のドジョウ”はいなかった

破綻の要因

ヒット商品で得た資金を工場・本社の購入など多額の設備投資に充てた

売り上げを維持するために利幅の薄い商品の販売に力を入れた

起死回生を狙い新商品を投入したが、特許侵害の疑いなどで伸び悩む

新商品の不発で売り上げが急降下

ヒラカワコーポレーションの業績推移

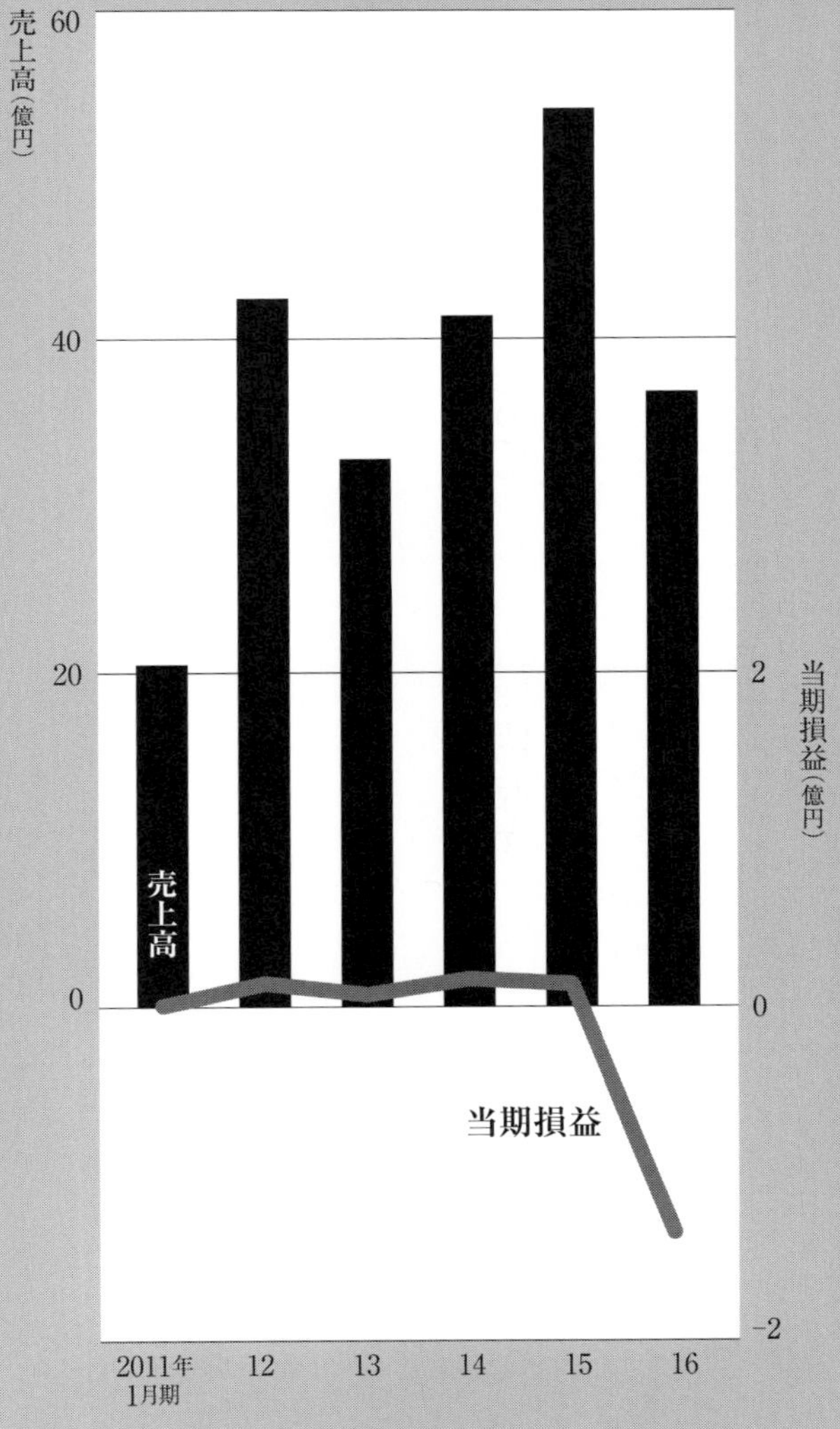

CASE 5

韓流ブームに踊って大打撃 苦し紛れの新規事業も裏目

エプコット
［海外映画、ドラマＤＶＤなどの制作・販売］

エプコット本社が入っていたビル

海外映画やドラマなどの版権を買い付け、ＤＶＤを制作して販売していた。韓流ブームに乗り、大手と競って高値で韓国ドラマの買い付けに動いた。ブームの終焉とともに業績不振に陥り、復活できなかった。

2003年にNHKが放送した韓国ドラマ『冬のソナタ』をきっかけに、日本を席巻した韓流ブーム。一時は地上波テレビ局などで多数の韓国ドラマが放送され、現地のロケ地を巡る旅行者が増えるなど盛り上がりを見せた。

その韓流ブームに翻弄され、経営破綻した会社がある。海外映画、ドラマのDVD制作・販売などを手掛けたエプコット(東京・渋谷)だ。

2015年3月2日、エプコットは東京地方裁判所に自己破産を申請した。負債総額は約22億4800万円。約20人の従業員は、この日に全員解雇された。エプコットからDVD制作の大半を請け負っていた関連会社のパピルス(東京・中野)も同日、自己破産を申請した。

「2014年秋頃から、資金繰りが厳しいらしいという情報は業界内で伝わっていた。それ以降、商品の大量発注は控えていた」とある取引先は打ち明ける。

事業はDVD制作が8割

エプコットの事業内容はDVDの制作・販売、海外映画の輸入・配給、ゲームの3つ。

帝国データバンクによると、売り上げ構成比はＤＶＤ事業が80％を占め、映画配給など、ほかの事業は20％だったという（２０１４年6月時点）。

映画の配給事業は、海外の名作などを上映するミニシアター向けが中心。以前は、最近のように大型のシネマコンプレックスが主流ではなかったので、隠れた名作を見つければ、小さな会社にも販路があった。

「エプコットという社名は知らなくても、（同社の映像関連事業のレーベル名である）『アルシネテラン』は、熱心な映画ファンならよく知っている人が多い」とある業界関係者は話す。

会社の設立は１９８５年。当時は一般家庭にビデオデッキが普及し始めた時代だ。そこに目を付け、当初はビデオソフトの販売などからスタートした。

１９８０年代後半は家庭へのビデオデッキの普及に伴ってレンタルビデオ店が拡大したこともあり、ビデオソフト事業は軌道に乗った。

その後、映像の記録メディアがビデオテープからＤＶＤに移行すると、この流れに対応。海外の放送局などの版元から映像コンテンツを仕入れ、日本語の字幕やパッケージなどを整えたＤＶＤを販売するようになった。

エプコットは将来のヒット作を求めて、欧米など複数の国に版権の買い付けに出向いていた。特大ホームランは見込めなくても、映画やドラマファン向けに少しずつヒットを積み重ねて得点に結びつけるスタイルで成長してきた。

韓流ブームで業績好調に

そんな同社に大きな転機が訪れる。それが韓流ブームだ。これは事業拡大の願ってもないチャンス。遠藤秀隆社長（仮名）は積極的に韓国ドラマの買い付けに動き、２００４年から素早く韓国ドラマＤＶＤの販売を開始した。

韓流ブームだけでなく、レンタルビデオ店の記録メディア入れ替えに伴う特需もエプコットを後押しした。「ＤＶＤプレーヤーが家庭に普及したことに伴い、２００５年頃、レンタルビデオ店は貸し出す商品をビデオテープからＤＶＤに変え始めた。その結果、業務用ＤＶＤパッケージの需要が急拡大した」（業界関係者）。

市場環境に恵まれたこともあり、２０１０年6月期に収入高（売上高に相当）は約26億５４００万円を計上（帝国データバンク調べ）。順風満帆に見えた。

ところが、事態は暗転する。市場が拡大すると、そこを狙って大手が参入してきた。2012年頃から韓国ドラマは大手映像制作会社との間で買い付けの競争が激化。韓国ドラマの版権の買い付け費用が以前の約5倍に高騰した。

大手に比べて資金力に乏しい中小企業の場合、この時点で韓国以外の作品の買い付けに軸足を切り替えるなど、ブームが去る前に、撤退する勇気が時には必要になる。

一方で、ブームの最中には、いつそれが沈静化するかを見極めるのが難しいのも、また事実。遠藤社長は、このチャンスを逃したくないと考えたのか、大手に対抗して以前より買い付け量を増やした。

結果的にこの決断が裏目に出た。その後、日韓関係がギクシャクし始めたことなどから、韓国ドラマの人気が沈静化。それに伴ってDVDの需要が減った。

韓流ブームの終焉がエプコットにとって大打撃となった。利益が急速に減少し、2013年以降はDVD事業が赤字に転落した。

業績悪化に伴い、資金繰りも苦しくなった。韓国ドラマの版元に対する支払いが滞り始め、買掛金が増加。支払い資金を調達するために金融機関からの借り入れを重ねた結果、負債が急増する。2011年度に11億円だった負債総額は、わずか2年後の2013年度には2倍以上の23億円にまで膨らんだ。

ゲーム事業進出も実らず

経営不振が深刻になる中、遠藤社長は２０１３年に起死回生を狙って新規事業に乗り出す。それがスマートフォンなど向けのゲーム事業への参入だ。エプコットにとって経験のない事業だった。

ゲームはヒット作が出れば、一気に業績が伸びる。しかし、投資から回収までに時間がかかることに加え、競争が激しい。そうした事業に資金繰りの厳しい状況で、しかも後発で中小企業が参入するのはリスクが大きい。

実際、いざ事業を始めてみると、開発が思うように進まず、投資回収が遅延。資金繰りがさらに逼迫《ひっぱく》する形となった。「エプコットからゲーム開発を受託していたが、途中で経営破綻し、事後対応が大変だった」とある債権者は振り返る。

業績回復の目途が立たないことで、エプコットは２０１４年10月以降、金融機関から新規融資が受けられなくなった。

資金繰りがいよいよ苦しくなる中、不適切会計の発覚が追い打ちをかけた。2015年2月に主力銀行の要請で実施した財務査定で、商品在庫の評価減や過去の不適切会計処理の修正などが必要になった。その結果、2014年6月末時点で、実質は債務超過に陥っていたことが判明。金融機関からの信頼を失い、経営の継続が難しくなった。

エプコットが裁判所に提出した資料によると、2014年12月末時点では約5億9000万円の債務超過に陥っていた。

一連の経緯について尋ねようと、弁護士を通じて遠藤社長に取材を申し込んだが、応諾は得られなかった。

エプコットの強みは、少ない投資で目利き力を発揮してきたこと。その強みを生かし、もともとは作品の買い付けを複数の国に分散。巧みにリスクを抑えていた。しかし、ブームに踊り、大手に対抗して韓国ドラマの版権買い付けに経営資源を集中したことが、致命傷となった。

相場関係者の間には「見切り千両」という慣用句がある。エプコットの事例は、事業の引き際を見極める難しさを物語っている。

（2016年1月号掲載）

最後は債務超過だった

エプコットの2014年12月末時点の貸借対照表

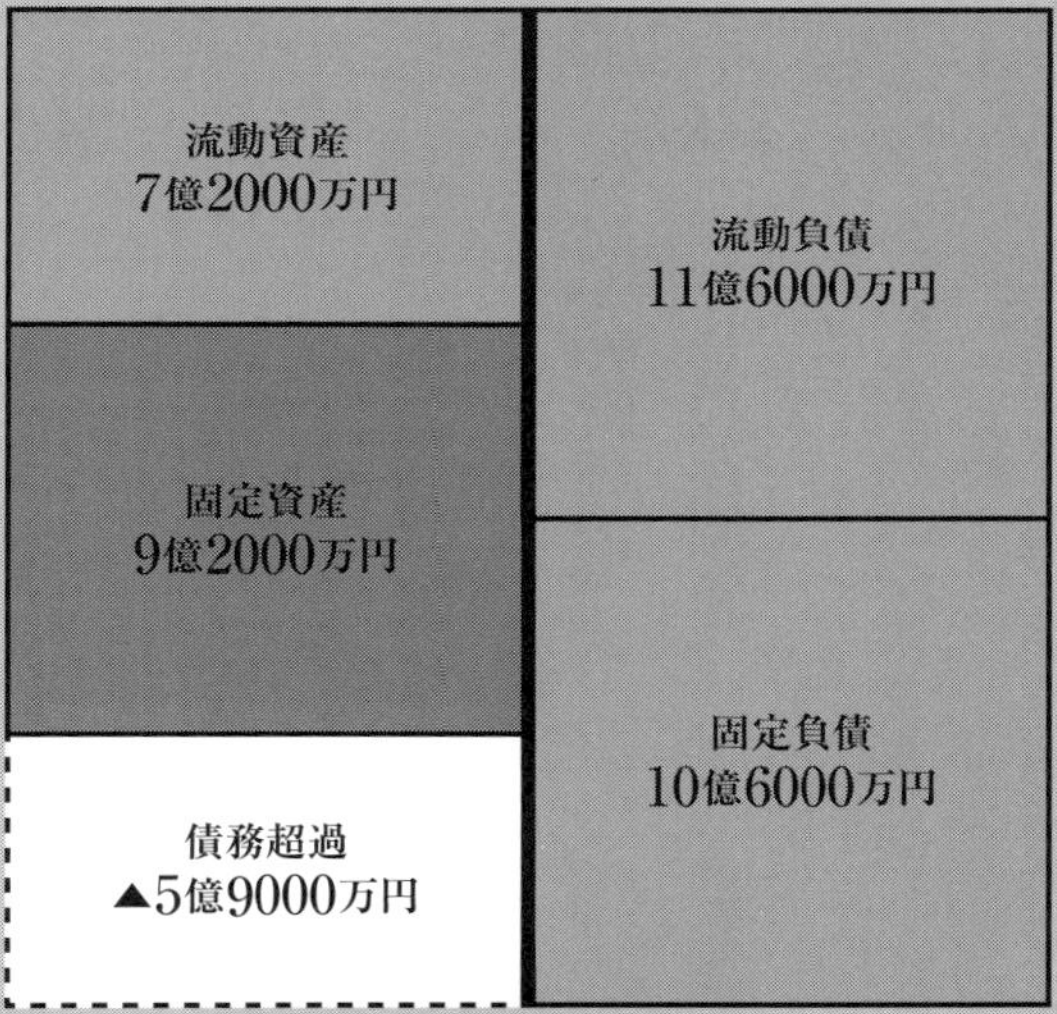

注：エプコットが裁判所に提出した資料より作成。合計がそろわないのは、100万円以下を四捨五入しているため

新規事業に打って出るも経営困難に

破綻の要因

ブームに乗り事業拡大したが、版権の買い付け料が高騰し借り入れが増加

主力事業に他社と差異化できる強みがなく、立て直しが手詰まりに

資金繰りが逼迫《ひっぱく》した局面で、強引に新規事業に打って出て傷口が拡大した

営業損益は黒字だったが……

エプコットの業績推移

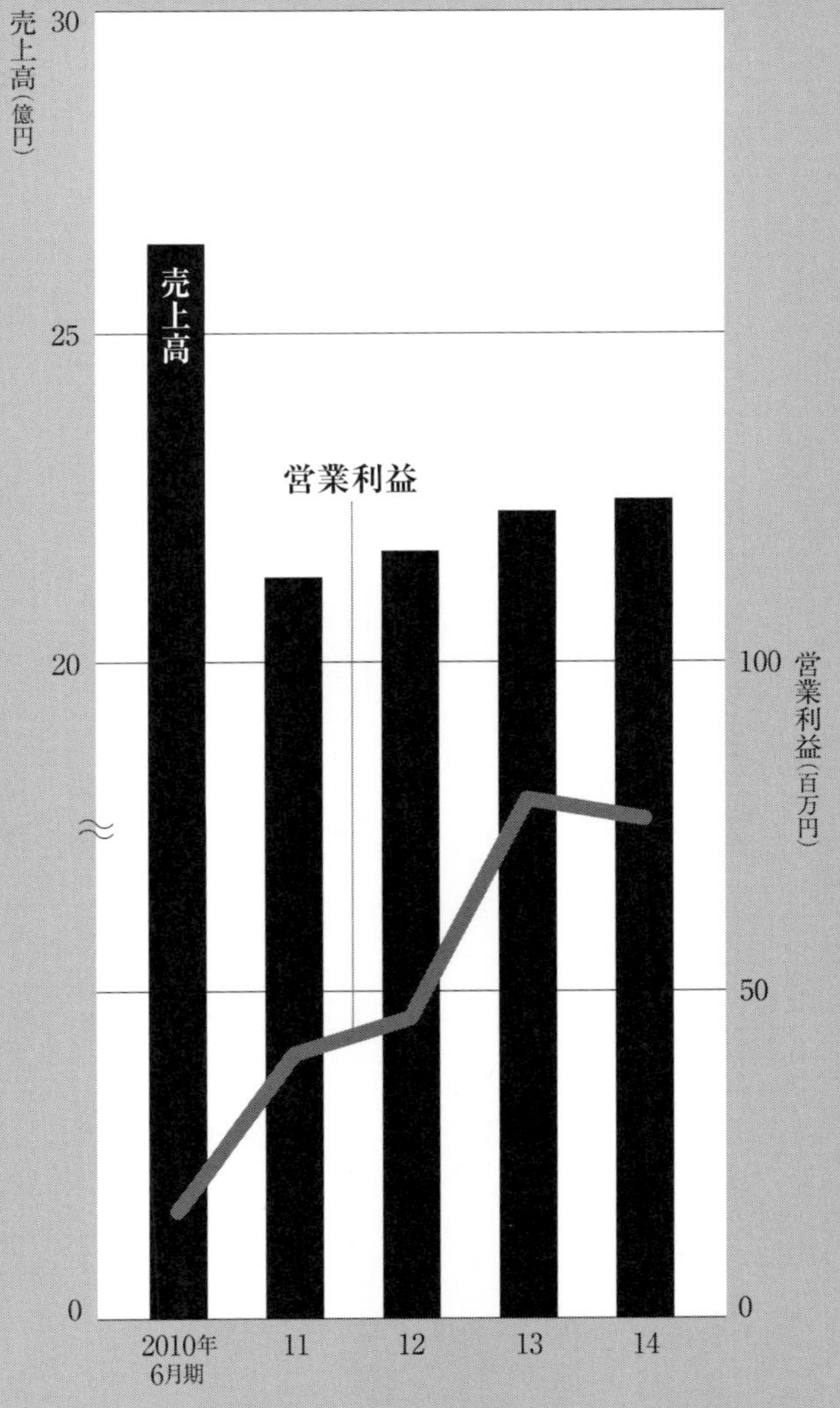

CASE 6

ベストセラーで急成長中に迷走 社員の離反で虎の子の権利を失う

長崎出版

［書籍出版］

ユニークな絵本がベストセラーになり、急成長した出版社。大ヒット作に頼る事業構造を変えようと、出版以外の事業に次々投資するも裏目に出る。幹部の離反から主力商品の出版権を失い、命運が尽きた。

本社は都内のビルの1フロアにあった。社員10人ほどで、2013年4月期は売上高約16億円を上げた

児童書出版などを手掛けていた長崎出版（東京・千代田）が、2014年9月25日、東京地方裁判所から破産手続きの開始決定を受けた。帝国データバンクによれば、制作会社のドレミファ（東京・港）など関連会社4社を合わせた負債総額は、約17億4000万円となった。シリーズ累計250万部を超える大ヒット絵本『こびとづかん』で知られており、ファンに衝撃が走った。

長崎出版の設立は1975年。社会派の人文書などを手掛けたものの採算が厳しく、1990年代に創業者が古書店の経営者に売却。この経営者から2002年に長崎出版を買い取ったのが、破産時に社長を務めていた小寺茂氏（仮名）だ。

小寺氏は大学卒業後、複数の出版社勤務を経て、自ら出版社を持ちたいと考え独立。長崎出版の取得に必要な約1500万円の費用をこの古書店の経営者に毎月20万円ずつ分割払いしながら、小寺氏は経営者の道を歩み始めた。

転職者がヒット生む

それでも、事業を軌道に乗せるのは容易ではなかった。そこで小寺氏は長崎出版の買収と相前後してドレミファを設立。ドレミファで受注した書籍やパンフレットの制作業務を長崎出版が下請けとして手掛けることで何とか収益源を確保。その合間に自社で企画した書籍の出版を細々と続けていた。

転機は２００６年。児童書出版社から転職してきたある編集者が入社早々、ヒット作を出した。それが『こびとづかん』だ。登場する小人たちは、一見気持ち悪いが、どこかかわいい＝〝キモカワ系〟キャラクターで、ブームの走りだった。「一般的な児童書の出版社だったら、まずボツになった企画。それにゴーサインを出したのは、小寺氏の英断だった」と、元役員は話す。

当初は奇抜な絵柄を敬遠する大手書店が多く、販売は苦戦した。だが、熱烈に支持する子供たちがいたことから、社員が全国の中小書店を営業に回り続けるうちに、人気に火が付いた。２００８年にはキャラクター商品の販売が始まり、認知度が上昇。シリーズの新作を出すと相乗効果で旧作も売れる好循環が生まれた。

『こびとづかん』のブームに乗り、長崎出版の業績は右肩上がりで伸びた。帝国データバンクの調べでは、２００８年4月期に1億６５２０万円だった売上高は、２０１２年4月期には12億８０９０万円に急増した。

大ヒットが放漫経営を招いた

2006年に発売した絵本『こびとづかん』がヒット。「気持ち悪いけれどかわいい」という"キモカワ系"のキャラクターの先駆けだった

営業利益の伸びはさらに大きく、同時期に290万円から1億9820万円に膨れた。ベストセラーの増刷を重ねたことで制作コストが軽減された上に、書店からの注文で配本する「注文販売」の比率が高まったからだ。

書籍の流通は、出版社から取次(卸)を介した「委託販売」が一般的だ。この場合、出版社には書店から返品を受けるリスクがある上に、代金の回収に概ね半年以上かかる。一方、注文販売では、基本的に返品がなく、納品から2カ月ほどで代金を回収できる。元社員によれば、2011年頃の長崎出版は、『こびとづかん』シリーズによる売り上げが8割以上を占めていたが、その大半が注文販売だったという。

本業以外の投資を重ねる

とはいえ、特定の商品群に頼る事業構造は明らかに脆弱だ。小寺氏もそのことには気付いていた。「次の収益の柱への焦燥感に駆られていた」と、親交のあった経営者は話す。

そこで本業と離れた投資を繰り返したのが、つまずきの始まりだった。関係者によると、小寺氏は2011年頃に知り合った経営コンサルタントの薦めで、通信販売会社に出資の名目で約5000万円を拠出。しかしその直後、この会社の業績が急に悪化したという。また、このコンサルタントが経営する包装資材会社に対しては約4600万円を貸し付けたが大半が焦げ付き、返済を受けたのは300万円ほど。小寺氏は最終的にこのコンサルタントと関係を断ったが、多角化を狙った投資は、ほかにも多くあり、少なくとも合計2億円以上の損失を被ったと見られる。

本業以外の投資で振り回されている間に、足元が瓦解し始めた。

2012年3月、『こびとづかん』の担当編集者が辞職する。原因は、経理にあった。「小寺氏は、経理や財務に社員を一切タッチさせなかった。そのわりにはお金にルーズで、著者への印税の支払い漏れが頻発していた。社外の活動が増えるとその傾向に拍車がかかり、ヒットを生んだ編集者は不信感を募らせた」と元社員は話す。

主力商品の権利を失う

退職した編集者は、『こびとづかん』のキャラクターグッズなどの権利管理を請け負っていた企業の関連会社で顧問に就任した。

この担当編集者の移籍は、『こびとづかん』の権利関係に大きな変化をもたらした。まず新作については、移籍先の会社が著者と協力して編集し、長崎出版は販売だけを行うことになった。そして著者と結んでいた出版契約が見直され、新たに締結された契約では、著者が1年ごとの契約更新を拒絶できることになったという。このため、出版契約は2013年6月に解除となり、長崎出版は主力の『こびとづかん』の出版権を失った。在庫も出荷停止に追い込まれた。「法的に理論武装すれば、対抗できる材料もあっただろうが、小寺氏は及び腰だった。本業以外での巨額の損失が影響していたかもしれない」と元社員は悔しがる。

この時点で長崎出版の命運は尽きたも同然だった。2013年の夏以降、小寺氏はスポンサー探しに奔走するが、稼ぎ頭の出版権を失ったとあっては、再建を引き受ける企業は現れなかった。秋から冬にかけて、取引口座などが次々に差し押さえられ、2014年2月頃には、実質的に営業を停止していた。

この間の経緯を聞くため、弁護士を通じて小寺氏に取材を申し込んだが、回答は得られなかった。『こびとづかん』シリーズの出版権は退職した編集者が顧問を務める会社に移り、この会社のもとで改めて出版され、書店に並んでいる。

ヒットを生み出した後こそ、経営者の力量が問われる。ヒットにつながった自社の強みを分析した上で、それを生かしながら次の成長戦略を描かなくてはならない。長崎出版の経営破綻からは、そんな教訓が引き出せる。

（2014年12月号掲載）

大ヒットが放漫経営を招いた

破綻の要因

売上高の8割以上を『こびとづかん』シリーズに頼っていた

出版以外の事業に次々に投資したが、損失を膨らませた

担当社員らとの関係が悪化し、稼ぎ頭の『こびとづかん』の権利を失う

急成長の直後に破綻

長崎出版の業績推移

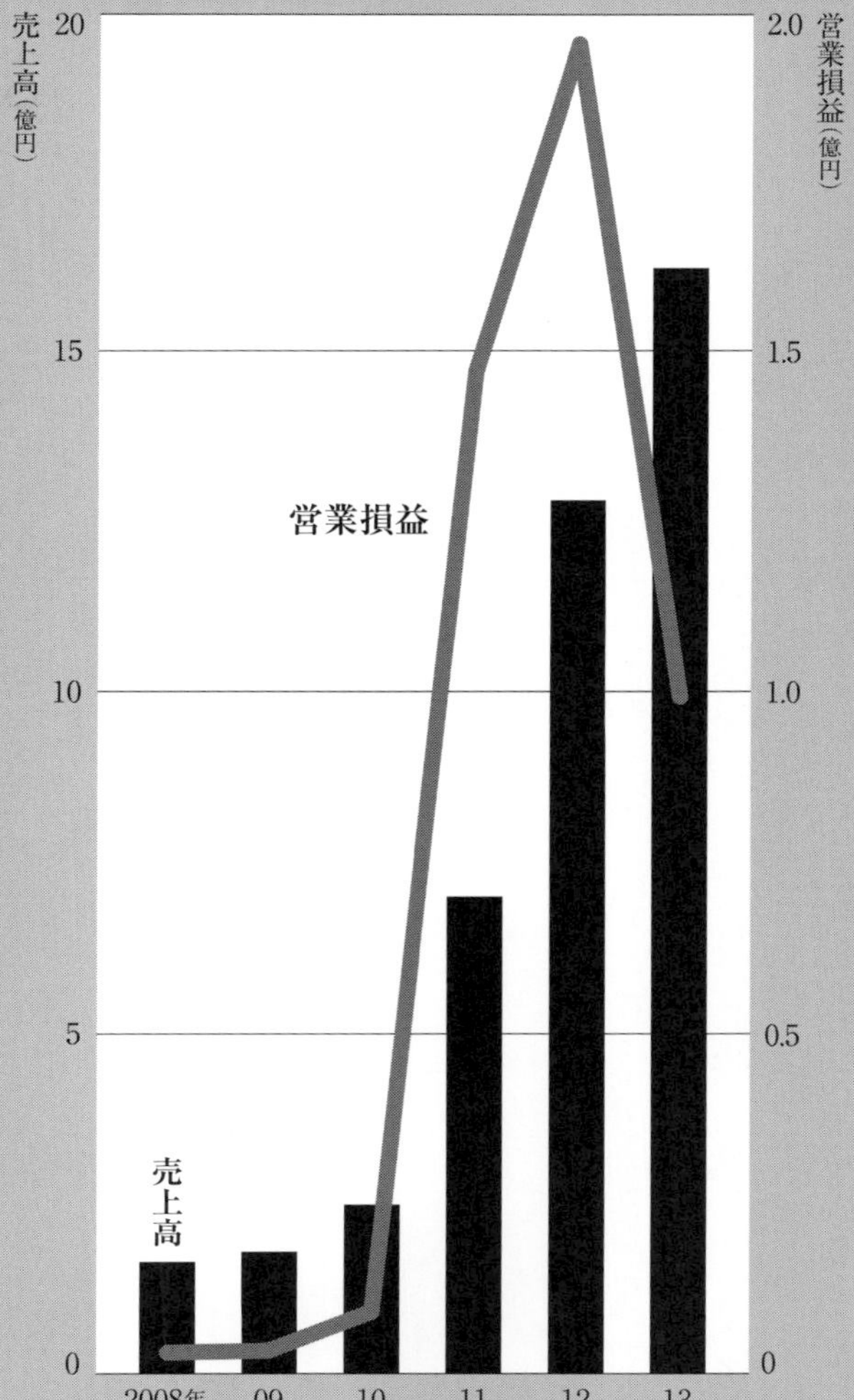

破綻の定石3

攻めの投資でつまずく

ここで紹介するのは、ただ時流に乗ったのとは違う、技術力を武器に着実に成長してきた企業の倒産だ。攻めの一手として決断した投資が大きすぎた——。ただそれだけの判断ミスから、負の連鎖が始まってしまう。企業経営の難しさを、より深く感じるパターンだ。

CASE 7

積極投資が裏目に出て資金難に円安に伴う原材料代高騰が致命傷

エルピー技研工業の顧客には大手も含まれていた

エルピー技研工業

［カーペット清掃用粘着テープなどの製造・販売］

カーペット清掃用粘着テープなどで一定の技術力があった。業績を拡大したものの、攻めの設備投資が裏目に出て資金繰り難に陥った。円安に伴う原材料代の高騰が追い打ちをかけ、挽回できなかった。

カーペットに落ちているゴミを柄の先に粘着テープが付いたローラーで掃除する器具を使ったり、見かけたりしたことがある人は多いだろう。

このカーペット清掃用粘着テープなどを製造するエルピー技研工業(埼玉県鶴ヶ島市)は、2015年3月30日、東京地方裁判所に自己破産を申請した。帝国データバンクによると、負債総額は約4億円。製造を一部委託していた関連のジョイ・パック・システムを含めると約4億7700万円だった。

4月下旬にエルピー技研工業を訪ねると、本社に人影はなく、併設された工場のシャッターは閉じられ、ひっそりとしていた。「経営が苦しいという情報は2015年初めくらいから業界内で噂されていた」と、ある債権者は振り返る。

エルピー技研工業は、使用後の清掃用粘着テープを切り離すミシン目の入れ方などで一定の技術力があった。清掃用粘着テープでは大手ホームセンターからOEM(相手先ブランドによる生産)も請け負っていた。一般家庭用向けだけでなく、工場向けなどの業務用も扱い、販路も多様だった。また、清掃用粘着テープ以外にも取扱製品の幅を広げていた。クッキングシートやシリコンアルミシートでは、大手のOEMを任されていた。このほか、自社ブランドによる台所用品も手掛けていた。

エルピー技研工業を香川仁社長(仮名)が設立したのは1994年。清掃用粘着テープの製造技術と「香川社長の営業力」(長年付き合いのある取引先)を武器に、取引先を拡大した。1997年頃からは、アルミ箔の製造を大手から請け負うなど、家庭用台所用品にも進出し、取扱製品を徐々に増やす。

2000年に入ると、台所用品で自社ブランド品の製造も始めた。レンジフィルターやガスレンジ回りに貼る壁面シートなどを扱って業績を拡大。2002年7月期の売上高は14億2100万円に達した。

エルピー技研工業は計画に基づく経営が評価され、2003年度には埼玉県が定めた「彩の国経営革新モデル企業」にも指定されている。モデル企業の指定を受けるには、経営(革新)計画を立てて県の承認を受け、原則として、計画終了時に一定水準以上に経常利益などを伸ばしている必要がある。エルピー技研工業はこれを満たし、県が発刊したモデル企業の事例集に載るほどだった。

だが、その裏で2002年をピークに業績は悪化していく。

最初のつまずきは、攻めの設備投資が裏目に出たことだった。2004年頃、清掃用粘着テープの新製品をつくる目的で、香川社長は1億2000万円を借り入れて製造装置などを導入。工場も新たに借り増した。

債務超過に転落

売上高十数億円規模の会社が1億2000万円を借り入れての設備投資は、一般的に見ても過大な負担。エルピー技研工業にとっても、結果的に相当な重荷になったようだ。業績が上り調子で大手を含めた得意先もあり、取扱商品も堅調に拡大。埼玉県からモデル企業の指定を受けた後だけに香川社長は自信があったのか、強気の投資に踏み切った。成功していれば英断だったといえる。

だが、期待とは裏腹に新製品は思うように売れなかった。前出の取引先は「途中から製造装置はほとんど使われないまま工場に置かれていた」と話す。

この空振りが痛手となり、マイナスの連鎖が始まる。2004年7月期に売上高は11億円に減少し、営業損益は約9500万円の赤字に転落。簿価ベースでは債務超過に陥り、翌2005年7月期には超過額が1億3200万円まで膨らんだ。経営危機に陥った結果、当時約5億円あった有利子負債の返済が難しくなる。このときは金融機関から返済

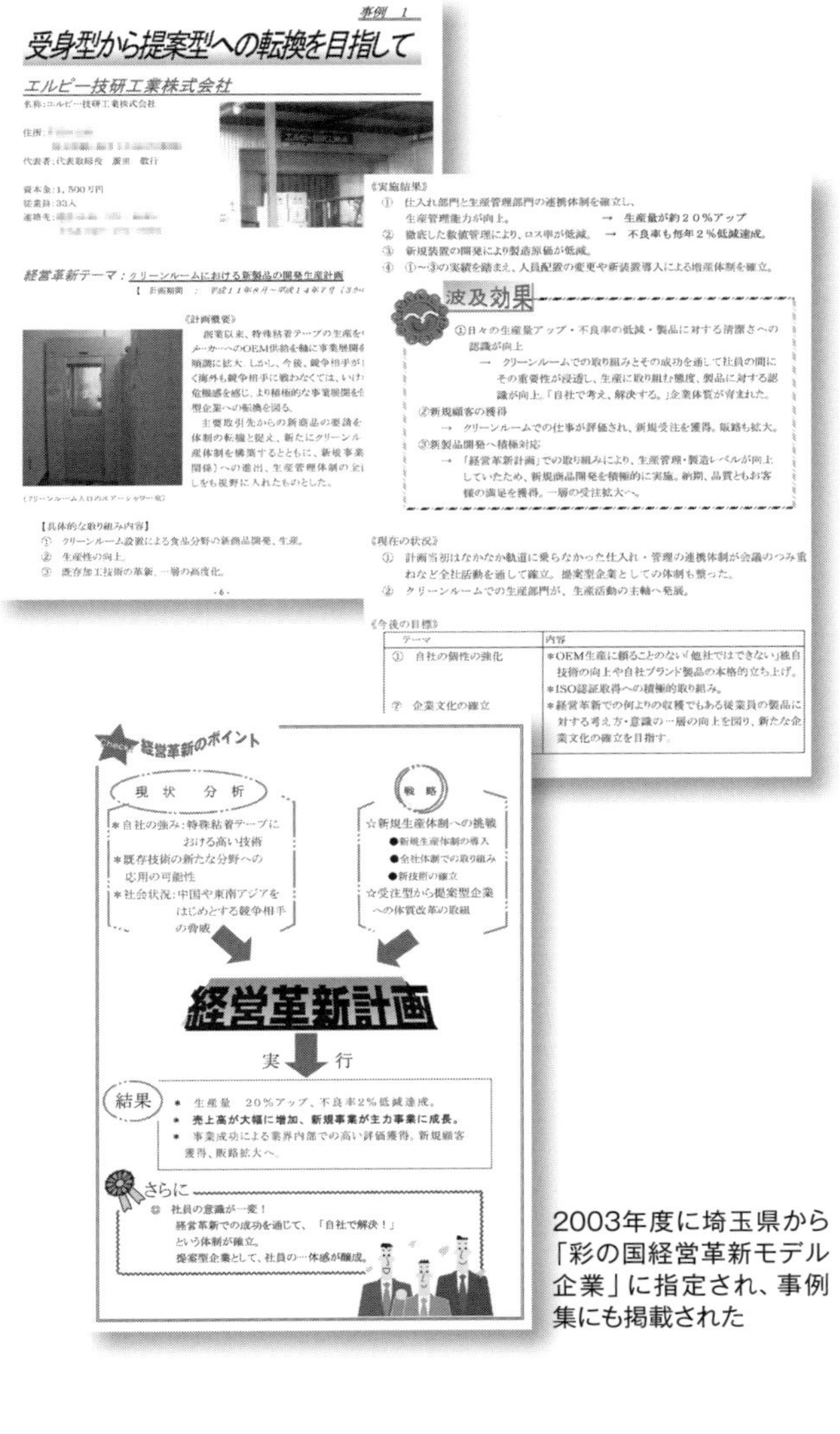

事例　1

受身型から提案型への転換を目指して

エルピー技研工業株式会社

名称：エルピー技研工業株式会社

住所：

代表者：代表取締役　灘田　敏行

資本金：1，500万円

従業員：33人

連絡先：

経営革新テーマ：クリーンルームにおける新製品の開発生産計画

【　計画期間　：　平成11年8月～平成14年7月（3か

《計画概要》

創業以来、特殊粘着テープの生産を…メーカーへのOEM供給を軸に事業展開を…順調に拡大。しかし、今後、競争相手が…く海外も競争相手に戦わなくては、いけ…危機感を感じ、より積極的な事業展開を…型企業への転換を図る。

主要取引先からの新商品の要請を…体制の転機と捉え、新たにクリーンル…産体制を構築するとともに、新規事業…開発）への進出、生産管理体制の全…しをも視野に入れたものとした。

（クリーンルーム入口のエアーシャワー室）

【具体的な取り組み内容】

① クリーンルーム設置による食品分野の新商品開発、生産。
② 生産性の向上。
③ 既存加工技術の革新、一層の高度化。

-6-

《実施結果》

① 仕入れ部門と生産管理部門の連携体制を確立し、生産管理能力が向上。　→　生産量が約20％アップ
② 徹底した数値管理により、ロス率が低減。　→　不良率も毎年2％低減達成。
③ 新規装置の開発により製造原価が低減。
④ ①～③の実績を踏まえ、人員配置の変更や新装置導入による増産体制を確立。

波及効果

①日々の生産量アップ・不良率の低減・製品に対する清潔さへの認識が向上
→　クリーンルームでの取り組みとその成功を通して社員の間にその重要性が浸透し、生産に取り組む態度、製品に対する認識が向上。「自社で考え、解決する。」企業体質が育まれた。

②新規顧客の獲得
→　クリーンルームでの仕事が評価され、新規受注を獲得。販路も拡大。

③新製品開発へ積極対応
→　「経営革新計画」での取り組みにより、生産管理・製造レベルが向上していたため、新規商品開発を積極的に実施。納期、品質ともお客様の満足を獲得。一層の受注拡大へ。

《現在の状況》

① 計画当初はなかなか軌道に乗らなかった仕入れ・管理の連携体制が会議のつみ重ねなど全社活動を通して確立。提案型企業としての体制も整った。
② クリーンルームでの生産部門が、生産活動の主軸へ発展。

《今後の目標》

テーマ	内容
① 自社の個性の強化	＊OEM生産に頼ることのない「他社ではできない」独自技術の向上や自社ブランド製品の本格的立ち上げ。 ＊ISO認証取得への積極的取り組み。
② 企業文化の確立	＊経営革新での何よりの収穫でもある従業員の製品に対する考え方・意識の一層の向上を図り、新たな企業文化の確立を目指す。

経営革新のポイント

現状分析

＊自社の強み：特殊粘着テープにおける高い技術
＊既存技術の新たな分野への応用の可能性
＊社会状況：中国や東南アジアをはじめとする競争相手の脅威

戦略

☆新規生産体制への挑戦
●新規生産体制の導入
●全社体制での取り組み
●新技術の確立
☆受注型から提案型企業への体質改革の取組

経営革新計画

実行

結果

＊ 生産量　20％アップ、不良率2％低減達成。
＊ **売上高が大幅に増加、新規事業が主力事業に成長。**
＊ 事業成功による業界内部での高い評価獲得、新規顧客獲得、販路拡大へ。

さらに

◎ 社員の意識が一変！
経営革新での成功を通じて、「自社で解決！」という体制が確立。
提案型企業として、社員の一体感が醸成。

2003年度に埼玉県から「彩の国経営革新モデル企業」に指定され、事例集にも掲載された

期間見直しの合意を得て事なきを得たが、以来、新規融資が受けられなくなった。

新規融資が絶たれると、設備は更新できない。次第に商品力が弱まり、低価格品を扱うライバルメーカーなどに対する競争力を失うこととなった。これが2つ目の誤算だ。2010年7月期～13年7月期の売上高は9億～10億円程度とピーク時に比べて約3～4割低い水準にまで落ち込んだ。

「古い設備をオーバーホールして使っている状態で、苦しい様子が見て取れた」（前出の取引先）。こうした苦境に直面する過程で香川社長は、経営の立て直しに奔走する。経費節減などに努め、一時、営業損益は黒字に転換。持ち直したかに見えた。

しかし、そんな折に襲いかかったのが、円安に伴う原材料費の高騰だった。

清掃用粘着テープやシリコンアルミシートなどの主要原材料は、海外から商社経由で仕入れていた。そこに円安が進み、仕入れコストが急騰。製造原価を押し上げた。もちろん、コスト上昇分を販売価格に上乗せする方法もあるが、現実には難しかった。これに取引先の方針転換で一部の商品で受注が半減したことなども加わって、2014年7月期の営業損益は1800万円の赤字に逆戻り。最終的に資金繰りに行き詰まった。

余力を残した投資が鉄則

一連の経緯について、香川社長は今、何を思うのか。破産管財人弁護士や申立人弁護士を通じて、香川社長に取材を依頼した。しかし、「債権者への最終的な報告がまだ済んでいないので、それ以前に応じるのは難しいと本人が話している」(申立人弁護士)との理由で断られた。

一定の技術力があり、取扱製品も幅広く、販路も多様。大手の得意先を複数抱えるなど、堅実な経営を続けているかに見えたエルピー技研工業。しかし、振り返ってみると、身の丈を超えたレベルの果敢な設備投資が、最後まで会社を苦しめることとなった。

消費者ニーズや取引先の要望が目まぐるしく変化する昨今、自社だけではコントロールできない状況が生じるリスクはある。そうした中で投資するには、万が一失敗した場合でも、二の手、三の手が打てる余力を残す必要があることを今回の事例は示している。

(2015年6月号掲載)

設備投資の失敗から負の連鎖に

破綻の要因

積極的な設備投資が裏目に出て、資金繰りが苦しくなった

設備が更新できず、主力商品の魅力が薄れた

円安に伴う原材料代の急騰に対応できなかった

仕入れコストが急騰し赤字に逆戻り

エルピー技研工業の業績推移

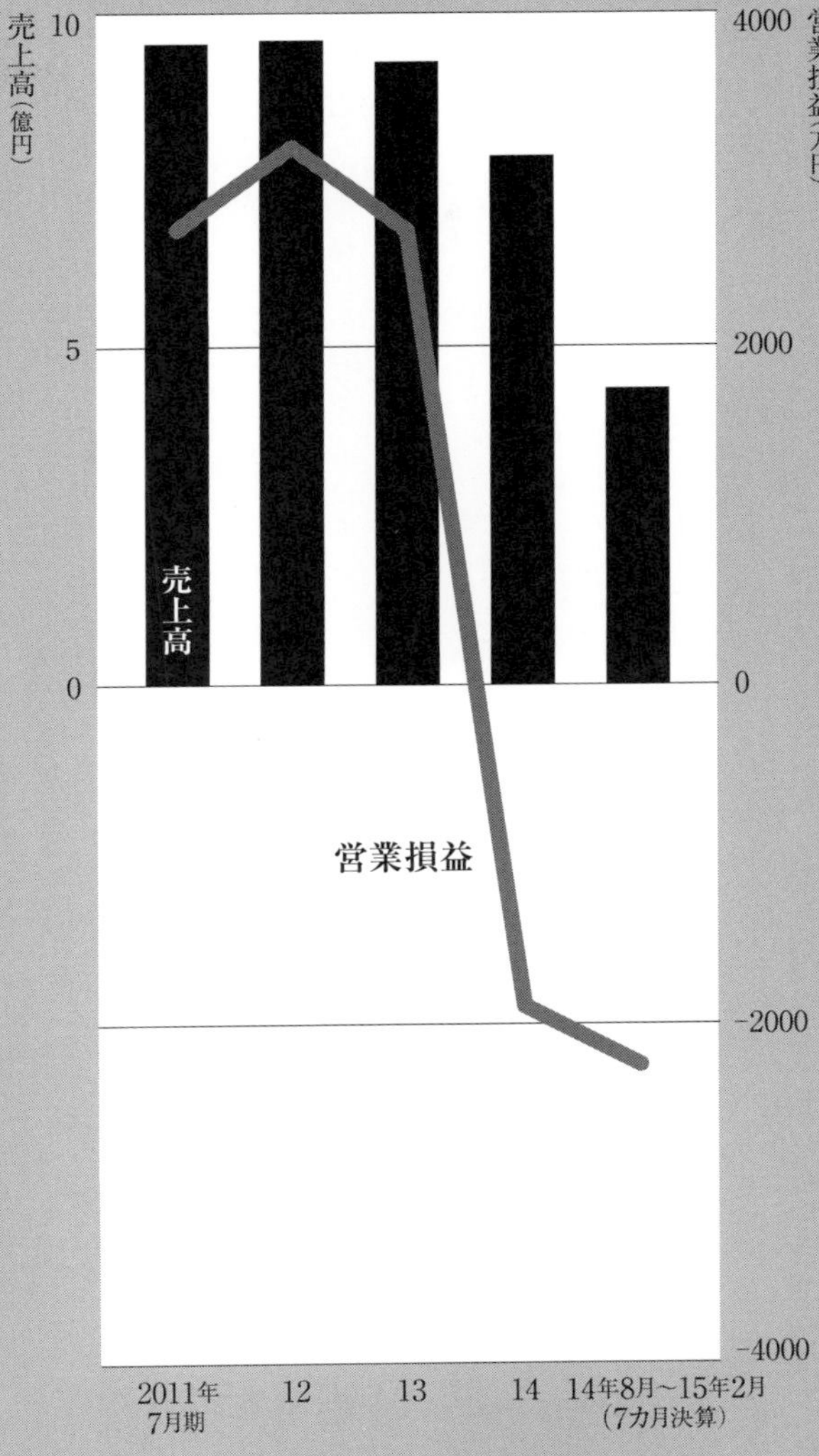

COLUMN

倒産の定義と現況

1年間でどれくらいの企業が倒産しているか、ご存じでしょうか。2017年は全国で約8400件の倒産がありました。近年の倒産件数は漸減傾向にあります。背景には、景気が比較的良好であることや、金融機関がリスケジュールに柔軟になっていることなどが挙げられるでしょう。

「倒産」という言葉は法律用語ではなく、明確な定義はありませんが、基本的には「債務を弁済できなくなること」です。一般に「法的倒産」と「私的倒産」に大別されます。法的倒産には、再建型の「会社更生」や「民事再生」、清算型には「破産」や「特別清算」があります。一方の私的倒産は「銀行取引停止」や「任意整理」です。

倒産は「会社の死」を意味するものではありません。再建型の倒産では事業が継続されます。ただ、再生のために取引先や金融機関などの債権者が損失を被ることが多い。

8400件の倒産には、自らの意思で会社をたたむ廃業は含まれていません。しかし毎年、

倒産を理解するためのポイント

❶倒産は「会社の死」を意味するものではない

❷倒産は近年減っているが、経営環境が良いわけではない

❸倒産の代わりに増えているのが、廃業とM&A

相当数の中小企業が廃業しています。
理由の1つは、後継者不足です。子供はいるけれど継ぐ意思がない。社内から後継者を募ろうにも、会社の株を買い取る資金がなく、そもそも責任の伴う社長業を引き受けたがらない。もちろん、業績不振などで早めに会社をたたむケースもあります。

また、最近はM&A（合併・買収）がとても盛んです。一昔前は、M&Aというと大企業の専売特許のような印象がありましたが、今や中小企業にとってもM&Aは経営戦略の1つです。社員数が10人程度の企業でも、買い手にも、売り手にもなれる時代です。そして売り手には、将来が描けない赤字企業を売却するケースもあります。

廃業や売却を選択した企業のうち、どれくらいが倒産予備軍なのかは定かではありません。ただ、倒産件数が減っているから、経営環境が良いと単純に結び付けるのは早計です。

第2章

ビジネスモデルが陳腐化したときの分かれ道

破綻の定石4

世代交代できず、老舗が力尽きる

かつて「会社の寿命は30年」と言われた。どんなに優れたビジネスモデルでも、やがて陳腐化する。生き残る老舗は、そこで後継者がイノベーションを起こす。逆に変革を担う若手がいなければ、力尽きる。親族の確執が経営に響くのもこのパターンの特徴だ。

CASE 8

売上高はピークの10分の1に宝飾業界の老舗、力尽きる

平和堂貿易

［宝飾品・腕時計の輸入販売］

東京・浜松町の本社受付。近年は安い賃料を求め、オフィス移転を繰り返していた

100万円以上する高額宝飾品の輸入販売会社として、高い知名度を誇っていた。高額品市場が縮む中でも、百貨店頼みの売り方を最後まで変えなかった。若手社員が相次いで退職、企業改革の力を失い、自己破産に至った。

「平和堂貿易から、スイスの高級腕時計『テクノス』をペアで差し上げます――」

かつて、テレビのクイズ番組でおなじみだった、こんなフレーズを覚えている人も多いだろう。高級宝飾品・腕時計の輸入販売を手掛ける平和堂貿易（東京・港）が、2016年10月3日、東京地方裁判所に自己破産を申請した。負債総額は約7億円（東京商工リサーチ調べ）。

クイズ番組への賞品提供で知名度を上げた平和堂貿易は1990年代前半に120億円以上の売上高があったが、直近の2015年9月期は約11億円と、10分の1まで縮小。5期連続の赤字を計上し、窮地に追い込まれていた。

破産申請の翌日、東京・浜松町にある本社を訪ねた。債権者が詰めかけるわけでもなく、本社周辺は静かだった。受付で趣旨を伝えたところ、「立ち話でいいなら」と1人の幹部が対応してくれた。

「百貨店頼みの売り方を変えられなかったことに尽きる。客層を広げられず、タンスの中が平和堂貿易の宝飾品や腕時計でいっぱいという、昔からの高齢の常連客ばかりになっていた」

売り方のどこに問題があったのか。平和堂貿易の歴史をひも解きながら、その誤算を考える。

社名を宣伝する新手法

創業は1952年。木本さおり社長（仮名）の父、吉田武夫氏（仮名）が東京・銀座で時計の輸入販売を始めた。人々の憧れだった海外高級腕時計「テクノス」「ウオルサム」「ピアジェ」などの販売代理店契約を結び、百貨店に入るテナント企業や各地の時計宝飾店に卸販売をするというモデルで業績を伸ばした。

「舶来品」にいち早く着目したことに加え、吉田氏が長けていたのはマーケティング戦略だった。

当時、消費者の欧米ブランド信仰は強く、ブランド名を打ち出すだけでも腕時計や宝飾品はよく売れた。吉田氏はそれに飽き足らず平和堂貿易の社名をセットにして、宣伝活動を展開。これが会社の知名度を高め、商品を求めるお客が列を成した。

さらに一流ホテルなどで展示会も開いた。購入した腕時計や宝飾品を身に着けてドレスアップする社交の場と、新商品即売会を兼ねたもので女性ファンをつかむ。ライフスタイルの提案まで踏み込んだマーケティングは斬新だった。

そんな平和堂貿易もバブル崩壊以降は、市場の変化に翻弄されていく。平和堂貿易が扱っていた宝飾品・腕時計の中心価格帯は百数十万円だったが、高額品マーケットが急速に縮んだからだ。

加えて、欧米高級ブランドのグループ再編などを背景に、海外メーカーが次々に日本法人を設立するようになった。ある取引先は業界事情をこう説明する。

「代理店が頑張って認知度を高め、売り上げを伸ばしたブランドほど、海外メーカーは日本法人を設立し、販売に本腰を入れようと考える。平和堂貿易も、そこに大きなジレンマを抱えていた」

海外ブランドによる日本法人設立の動きは、売り上げ減だけで済まなかった。社員の引き抜きが相次いだのだ。「日本法人を立ち上げるとき、それまで商品を売ってくれていた代理店の社員を引き抜けば、百貨店などの顧客との関係も出来上がっているので、手っ取り早い。この業界ではよくあること」と、前述の取引先は話す。

当然、力のある社員ほど引き抜かれる確率は高い。それがさらに平和堂貿易の体力を奪った。

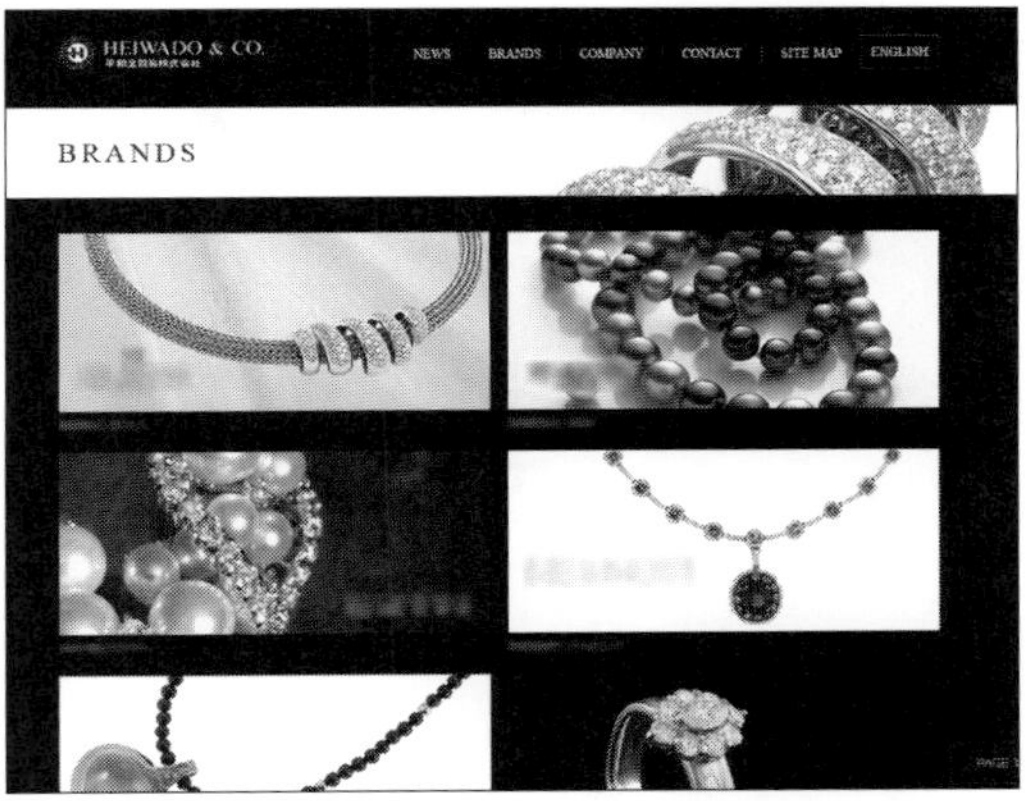

平和堂貿易のウェブサイト。高額宝飾品を多く扱っていた

財務改善に注力するも

その渦中の１９９８年、創業者の吉田氏を継いで、１９９２年から2代目社長を務めていた息子の吉田伸二郎氏(仮名)が退任するという騒動が勃発した。「経営方針などの対立により、伸二郎氏は海外有名宝飾ブランドの日本法人トップに移った」(関係者)。何とも皮肉な展開だ。

そして２００２年に、伸二郎氏の姉の木本さおり氏が社長に就任。木本社長は保有不動産などを整理して、財務体質の改革に着手した。改革に目途をつけたのは２０１０年。しかし、その時点では以前にも増して高額宝飾品市場が縮小しており、再スタートを切るには遅きに失した感があった。

先の同社幹部はこう語る。

「百貨店頼みでは駄目だと分かっていても、ではどうすればいいのかというと分からない。百貨店関連の顧客を一回りすれば1000万円売れるというのが、うちの営業スタイル。低価格品に乗り出すという道もあったかもしれないが、自分たちのスタイルを崩すことはできなかった」

全く手をこまぬいていたわけではなく、インターネット販売を試験的に始めたこともある。しかし、ネットの価格競争にはついていけず、本格的には乗り出さなかった。また、従来はBtoBの商売だったが、BtoCの可能性を模索し、百貨店内に直営店も出したが、収益にはあまり貢献しなかった。

結局、次の方向性を打ち出せず、新しい海外ブランドを見つけ、それを百貨店に卸すというモデルは最後まで変わらなかった。

その背景には、社内に若手社員が少なかったこともある。海外ブランドの日本法人に引き抜かれた上、財務改革の過程で人員を減らしたからだ。社内は、古き良き時代を知るベテラン社員ばかりになっていたという。

展示会の集客力が低下

ここ数年は、より安い賃料を求めて本社移転を繰り返すなど、コスト削減でどうにかしのいでいた。そんな苦しい最中も、1975年から始めた展示会「秀宝展」は毎年続けていた。百貨店の売り場にリーフレットを置くなどして集客に努めていたが、2016年の来場者数は前年に比べて激減。これは、同社にとって大きなショックだったという。自力再建は困難と諦めて、スポンサー探しに走ったが見つからず、自己破産に至った。

バブル崩壊から始まった高額宝飾品市場の縮小。「当初はその波がいつか収まり、自社の事業モデルが再び求められる時代が来ると、平和堂貿易の人たちは思っていたのではないか。しかし、動き出した波は止まらなかった」(取引先)。

社名と商品をセットで売るなど、新しい策をどんどん打ち出して市場を開拓した創業者。その精神に立ち戻ることが、早い段階で必要だったのではないか。

(2016年11月号掲載)

古いビジネスモデルを変えられなかった

破綻の要因

海外ブランドが独自に日本法人を設立し、代理店の存在意義が薄れた

百貨店頼みの販売手法から脱却できなかった

高額宝飾品市場が縮小した

5期連続の赤字が続いていた

平和堂貿易の業績推移

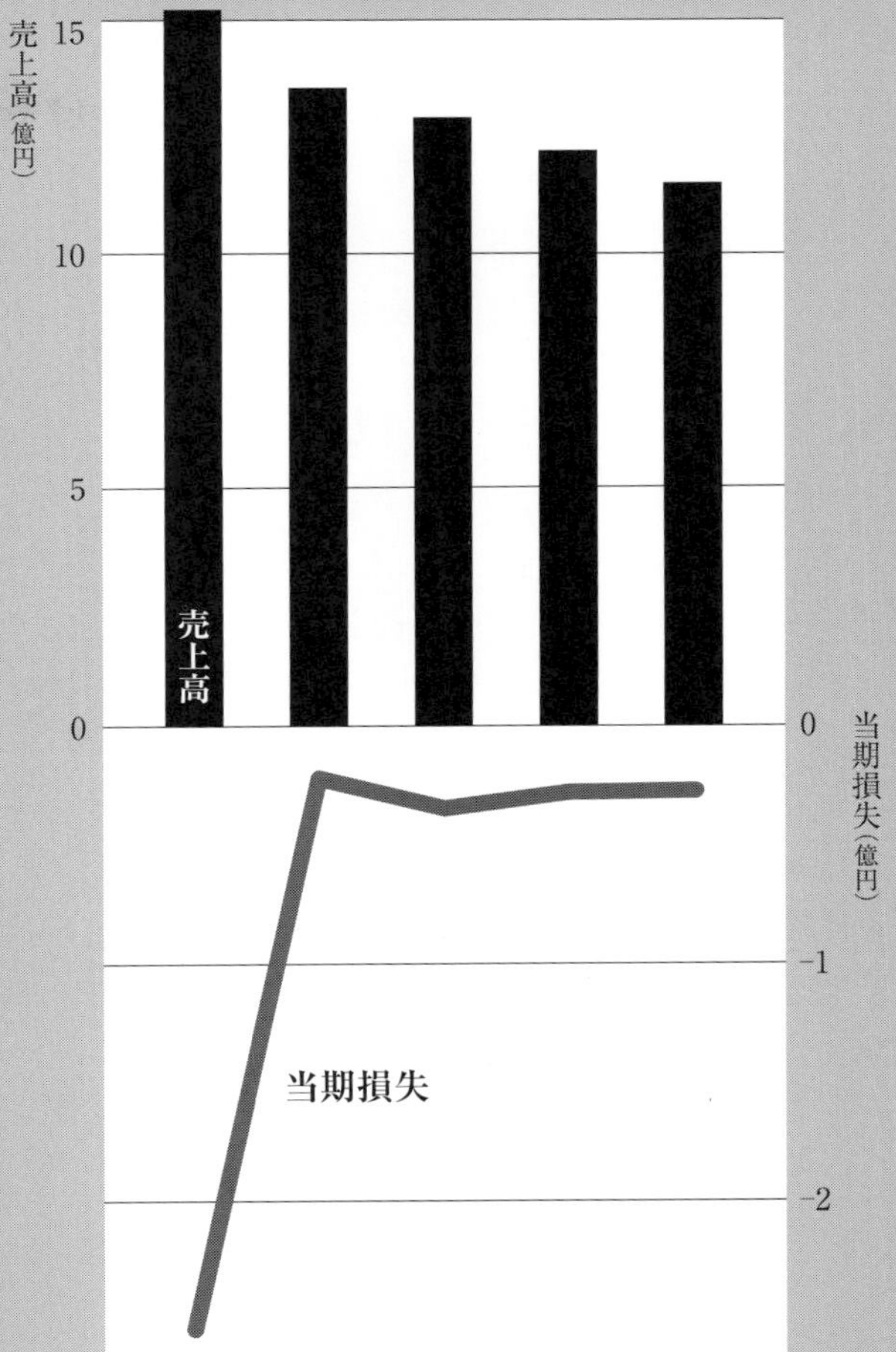

CASE 9

受注単価下落に対抗できず内部の確執が再建の障害に

鈴萬工業

[配管資材、機械工具の卸]

鈴萬工業の元島田営業所。主力の拠点だったが、今は閉鎖されている

静岡県で配管資材・機械工具卸の老舗として名を馳せた。県内に営業拠点を絞って大手食品、化学メーカーと信頼関係を築いた。リーマン・ショック後、受注単価の下落と内部の確執で再建が難しくなった。

配管資材や機械工具などの卸を手掛ける鈴萬工業（静岡市）は2013年8月14日、静岡地方裁判所に破産申請した。負債総額は約5億5000万円だった。「経営破綻するかもしれないとある程度の覚悟はしていたが、思っていたより早かった」とある債権者は振り返る。

別の債権者も「2013年の初めくらいから、危なくなっているとの噂は耳にしていた。そのタイミングで手形決済から現金取引に切り替えていたので、債権の焦げ付きは少なくて済んだ」と話す。

鈴萬工業は1900年前後に創業。会社設立は1949年のことだ。100年ほどの社歴を持つ老舗企業として地元では広く名が知られていた。もともとは和傘のメーカーとしてスタート。1965年前後に機械工具や配管用パイプ、配管継手、バルブなどの卸に事業の軸足を移したことで、会社を成長させた。

県内4営業拠点体制で得意先からの信頼得る

1989年には3代目に当たる工藤誠一氏（仮名）が社長に就任。静岡市内の本社に加え、島田市、袋井市、富士市の4営業所を県内にバランスよく配置し、取引先である大手食品メーカーや化学会社の工場と、つながりを深めていった。これらの工場では定期的に点検を実施し、配管部材や機械工具類を交換するケースが多い。鈴萬工業は、こうしたニーズに応えて信頼関係を築いた。

これに加えて、緊急時の対応にも定評があった。

「工場は24時間稼働しているので、何か異常があったときに交換部材をすぐに運んでくれるかが重要になる。鈴萬工業は、夜中でもトラブルがあると、短時間で必要な部材を持って駆けつけてくれたので助かった。取扱品目が幅広いのも魅力だった」とある得意先は話す。

多様な品ぞろえと即納体制を武器に、鈴萬工業はバブル崩壊後の長引く不況をしっかり乗り切った。東京商工リサーチによると、2002年8月期には、過去30年でピークとなる売上高約17億円を計上した。

静岡県内に4つ営業拠点を築いたが……

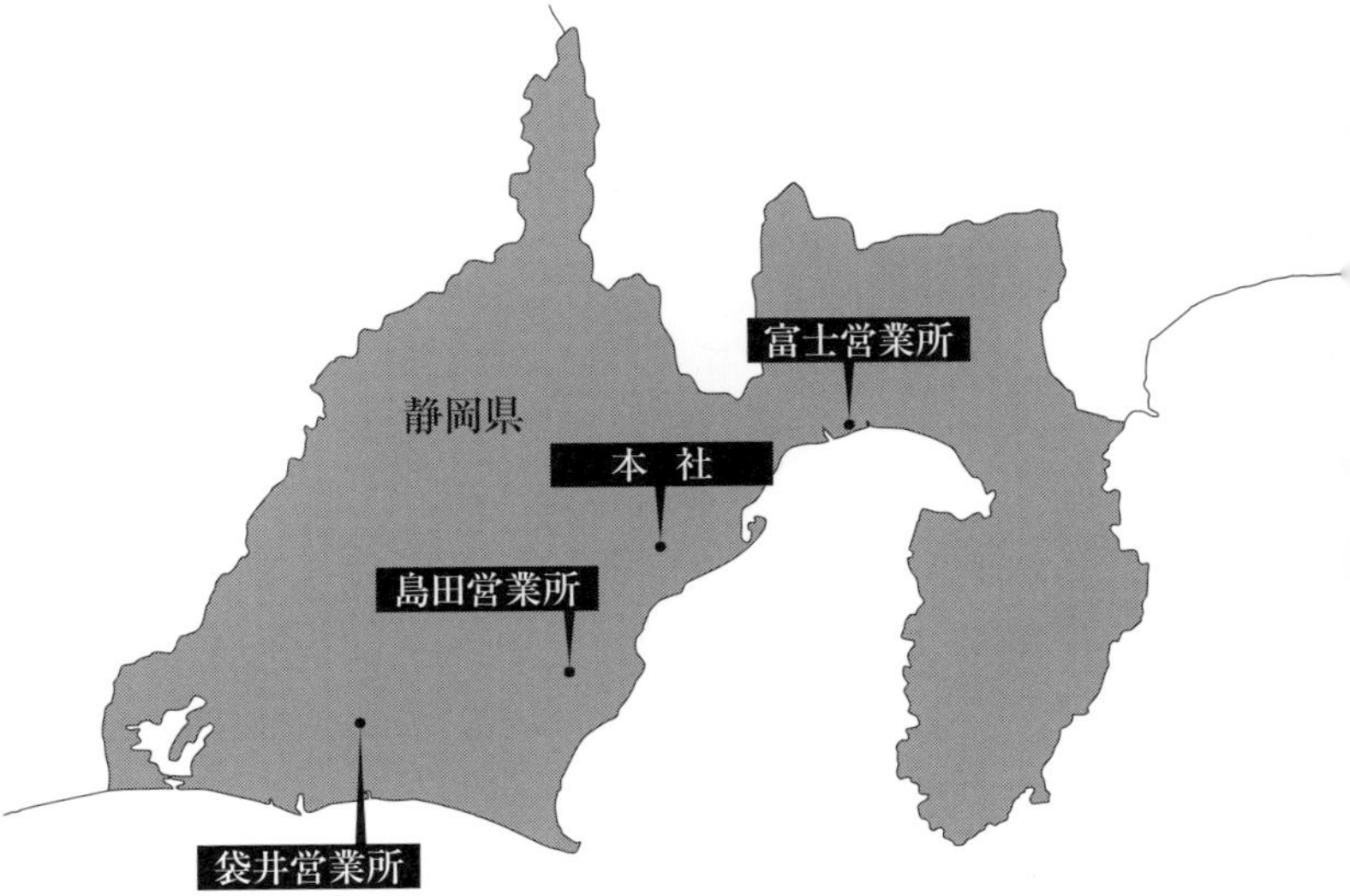

義弟を共同代表に据え業務を役割分担

ちょうどこの頃、誠一氏は幹部で妹の夫に当たる柚木元氏（仮名）を社長に登用。自身は会長に就き、代表権は2人で持つ体制を敷いた。営業をはじめとする経営の強化を狙った。これ以降、誠一氏が経理など社内業務を主に担当し、柚木氏が営業などの業務を主に担うようになる。

一方、柚木氏は鈴萬工業の社長を務める傍ら、2002年にはマニック（静岡県島田市）を設立。マニックは鈴萬工業と直接の資本関係はなかったものの、鈴萬工業から配管などの工事を主に請け負っていた。

順調に見えた2人の役割分担に変化が生じたのは2006年頃のことだ。誠一氏が再度社長に就任し、柚木氏は取締役になった。詳しい経緯は判然としないが、これを皮切りに親族の間で役員の交代が最後まで繰り返されることとなる。その背景には、関係者同士の確執もあったようだ。

ファミリーの関係が変化する中、リーマン・ショックに端を発した不況が襲いかかる。

取引先の設備投資の需要が急激に落ち込み、鈴萬工業は業績が悪化。２００９年8月期の売上高は前期を20％程度下回る約12億４６００万円、経常損益は約１２００万円の赤字に転落したと見られる（帝国データバンク調べ）。

取引先は発注を絞るだけでなく、厳しいコスト削減も要求してきた。実際、ある得意先は「発注の際には相見積もりを必ず取って、高い値段を提示した会社からは仕入れないように徹底した」と話す。

これに対し、鈴萬工業は需要全体が落ち込んでいる弱みもあって、受注単価の下落に応じざるを得なくなった。卸以外に突出したサービスがあまり見られなかった鈴萬工業は、「おおむね最も安い値段を提示していた」と前出の得意先は話す。

経営環境が厳しさを増す中、２０１０年頃、誠一氏は今度は息子の耕治氏（仮名）を社長に据え、事業承継を図った。だが、業績を劇的に改善させるほどの目立った実績を出せないまま時が過ぎた。結局、一度は会長を退いた誠一氏が耕治氏に代わって3度目の社長就任という事態になった。

追い打ちをかけたのが、営業で中心的な役割を果たしていた柚木氏と誠一氏との間で確執が深まったことだ。一度は社長を任された柚木氏だったが、２０１２年8月に取締役の辞任を表明。さらに2013年に入ると鈴萬工業を退社し、マニックの経営に専念するようになった。

こうした状況と時を同じくして鈴萬工業の経営不振は深刻さを増していく。2012年9月に債務超過に陥った上、2013年には大口の得意先2社を他社に奪われてしまった。これらが打撃となって、ついに手形決済ができなくなり、万策尽きた。

「内部分裂によるごたごたの積み重ねが今回の事態に至った原因だと思う」。ある債権者はこう指摘する。

一連の事態をどのように受け止めているのか。誠一氏と柚木氏の双方に取材を申し込んだが、ともに了承は得られなかった。

破産申請により、鈴萬工業自体の事業継続は難しくなった。静岡市内の本社はひっそりとしたままだ。しかし、20人ほどいた従業員の一部は、取引先に雇用されている。4～5人を受け入れた企業もある。

ファミリー経営に壁、十分な意思疎通が大切

大手取引先との信頼関係があり、営業拠点を静岡に絞って手堅く事業を展開してきた鈴萬工業。老舗企業の経営破綻は、改めて「ファミリー企業」経営の難しさを浮き彫りにした。

「身内」ならではの結束力の強さを上手に生かせば、ファミリー企業は盤石だ。

実際、業績を順調に伸ばす企業も数多く存在する。しかし、うまくいかないときには、役員の頻繁な交代などが起こり、経営の混乱にもつながる。その混乱が対外的に漏れ伝わると、取引先からの信用を失う恐れもある。ファミリー企業ならではの経営の舵取りが求められる。

（2013年12月号掲載）

老舗の強みが崩れた

破綻の要因

受注単価の下落に対して有効な対策を打ち出せなかった

経営不振の中で内部分裂が起き、事業承継が結果的にうまくいかなかった

有力な幹部が退社し、営業力が低下した

経常損益は赤字が続いていた

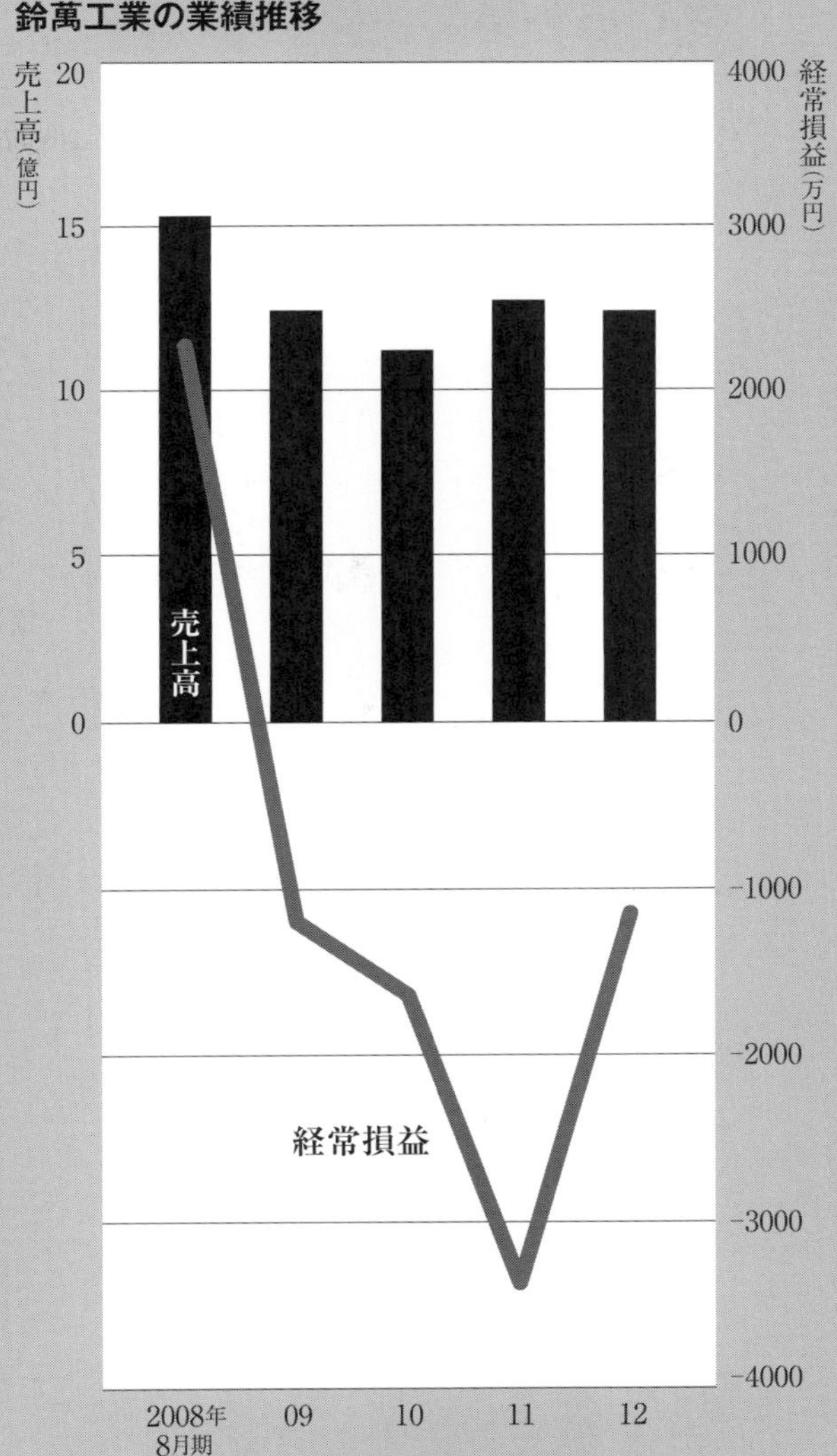

破綻の定石5

起死回生を狙った一手が、仇に

古くなったビジネスモデルを変えるには、投資が必要だ。しかし、そんな起死回生を狙った一手が、時に倒産の引き金になる。

一方、何もしなければ座して死を待つのみ。企業の永続には、バランス感覚が経営に求められると痛感させられるパターンだ。

CASE 10

過大な設備投資が命取りに大手との真っ向勝負に敗れる

東京もち［切り餅などの製造］

切り餅を主軸にフルーツゼリーや和菓子の製造も手掛けていた。大手に対抗して年商の約1・5倍の大型投資で新工場を建てたが、「空振り」に終わった。後継者を不慮の事故で亡くし、事業継続への意欲をそがれたことも打撃となった。

埼玉県三郷市の東京もちの本社

「時代の変化に対応しないと中小企業は生き残れない」。切り餅などを製造する東京もち（埼玉県三郷市）の前社長、見城義則氏（仮名）は、重い口を開いた。

東京もちは2015年7月10日、20人の全従業員を解雇。続く7月15日、さいたま地方裁判所越谷支部に破産申請した。負債総額は約13億6100万円。「直前まで支払いは滞っていなかった。急なことで驚いている」とある債権者は話す。

取材に応じた見城社長は、白髪で眼光鋭く、厳しい表情を崩さないまま、言葉少なに質問に答えた。そこには、事業に失敗した悔しさがにじみ出ているように見えた。

東京もちは、一般の消費者が正月などに食べる切り餅の製造が主力。卸を介してスーパーなどで主に販売していた。大手のサトウ食品工業などがライバルだ。

破産申請時の売り上げ構成比は、切り餅が60％、フルーツゼリーが10％、和菓子が30％。最後まで切り餅が主力の会社だった。

季節変動を調整して成長

見城社長が東京もちを創業したのは1984年。切り餅の製造からスタートした。だが、切り餅は冬場の季節商品で夏場には売り上げが落ちる。打開策として1991年に始めたのが、夏場に需要が高まるフルーツゼリーの製造だった。

売り上げの季節変動を抑える戦略が当たり、業績は着実に拡大。芋ようかんなど和菓子も取り扱った結果、ピーク時の1998年頃には売上高が約9億円に達した。

だが、それ以降は業績が伸び悩むようになる。原因の1つは大手との商品開発力の差だ。大手は、大袋の中に入った切り餅を一つひとつパックする個包装に早くから舵を切った。個包装すれば乾燥やカビの繁殖を防げ、日持ちする。さらに、米どころの新潟県産のもち米を原料に使用していることを打ち出し、消費者の人気を得た。

一方、東京もちは破綻の少し前まで個包装ではなかった。加えて原料には国産のもち米より基本的に安い、外国産のもち米などを粉末にしたもち粉を使用していた。つまり、「店頭では、価格訴求型商品という位置づけだった」（ある取引先）。

見城社長も「（原料に国産のもち米を使った）大手の切り餅の店頭価格は、安いと1kgパックで498円程度。もち粉を使った商品は280円程度だった」と話す。

業績は徐々に下落傾向となり、2012年頃まで売上高は6億5000万円程度で推移していた（帝国データバンク調べ）。

9億円を借り入れ新工場を建設

このままでは大手に勝てず、買い叩かれるだけ――。危機感を抱いた見城社長は、乾《けん》坤《こん》一《いっ》擲《てき》の勝負に打って出る。それが原料にもち米を使った個包装の切り餅を作る新工場(埼玉県吉川市)の開設だ。

2014年8月に完成した新工場の土地と建物は自社所有。総投資額は年商の約1・5倍に当たる約9億円で、資金は借り入れで賄った。

複数年にわたる借り入れとはいえ、確実に需要が見込める場合などを除いて、トータルで年商を超える設備投資は明らかに過大。この点について、見城社長は、「個包装にはスペースが必要だった」と答える以外、多くを語らなかった。

新工場は2014年9月から切り餅の製造を開始。だが、大手の牙城は切り崩せなかった。「最低でも4億円の売り上げを計画したが、実際には1億円しか売れなかった」(見城社長)。東京もちが裁判所に提出した申立書には「当初予想した切り餅生産量の10分の1しか注文がなく(後略)」との記述がある。これが事実上の致命傷となった。

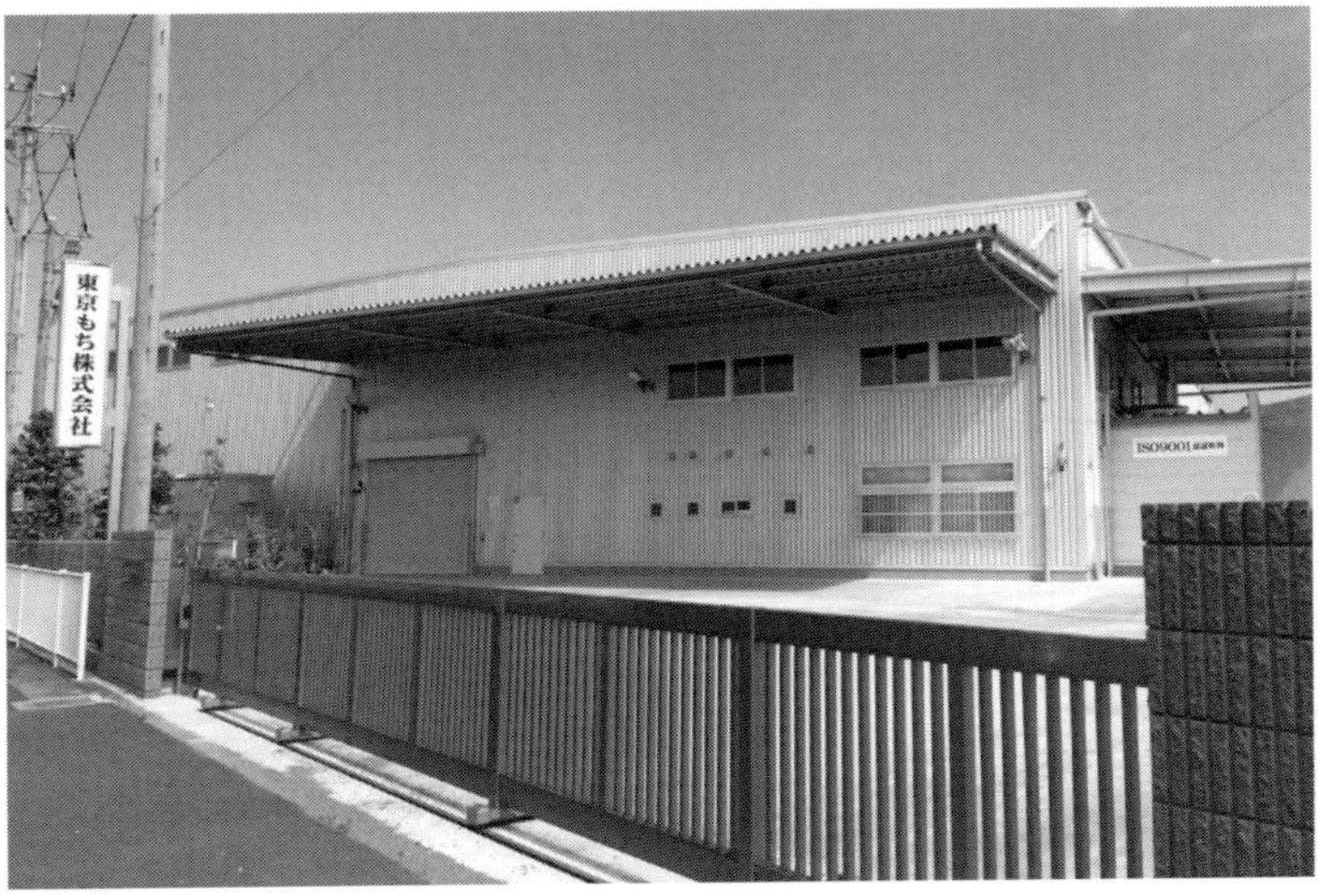

埼玉県吉川市の新工場。過大投資が致命傷になった

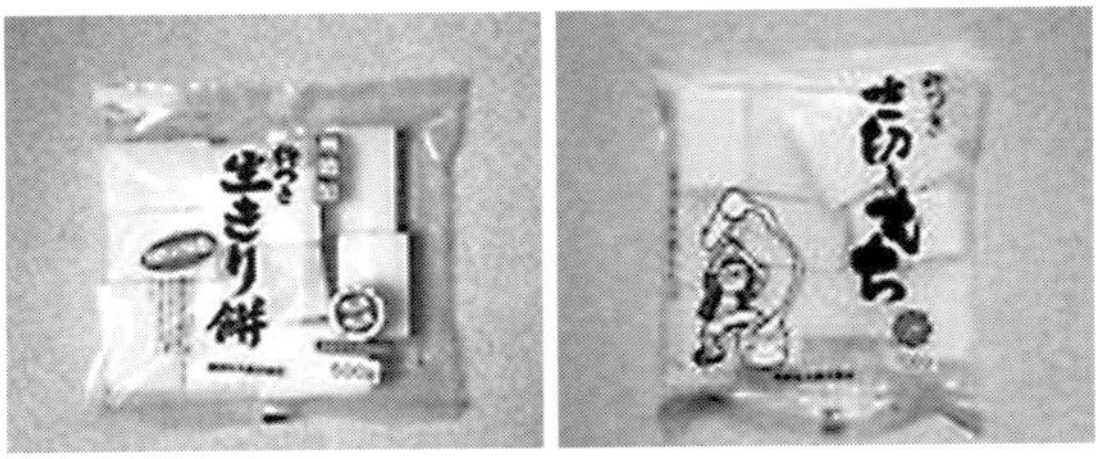

東京もちの主力製品である切り餅（同社ホームページより）

新工場の稼働率を高めるには、切り餅の販路開拓が必要。だが、見城社長は営業を担当者に任せ、自らはあまり動かなかった。「営業は苦手なのか」と問うと、「そんなことはない」と否定した。しかし、危機に直面しても見城社長はトップセールスに消極的で、東京もちの業績は悪化。2014年8月期の売上高は4億6900万円で、ピーク時の半分程度にまで落ち込んだ。

デリバティブで巨額損失

経営不振の過程で、金融派生商品(デリバティブ)に手を出して損失を被ったのも痛かった。「今回の事態に至った一番の理由」と見城社長は主張する。

見城社長によると、2006年頃、銀行2行がデリバティブの購入を勧めてきたという。「輸入したもち粉を使っていたので、『為替リスクを減らさないか』という趣旨の打診をされた」(見城社長)。

だが、東京もちはもち粉を商社経由で仕入れていた。原料の仕入れに伴う為替リスクの影響を直接には受けにくい。つまり、本業と関係の薄いデリバティブだった。

「損失が出ることなどのリスクについて、十分な説明がなく、銀行側に有利な契約内容だった。損失額は2行合わせて2億6000万円に上った」と見城社長は憤る。

銀行側とはデリバティブによる損失分を融資で賄うことで合意したという。それでも借入金の金利負担は増し、会社の体力を奪った。

そんな中、追い打ちをかける事態が起きる。2013年に後継者として東京もちで働いていた見城社長の長男が不慮の事故で他界した。これについて見城社長は口を真一文字に結んで全く語らない。申立書に添えて裁判所に出した陳述書には「私は、年齢が77歳で、しかも先年後継者の長男を不慮の事故で失い、会社を再建する気力や体力もありません」と記していた。

最後まで再建の道を探る

ただ、陳述書の言葉とは裏腹に、見城社長はぎりぎりまで諦めず、必死に再建の道を探っていた。

まず新工場でスーパーのプライベートブランドの切り餅製造を請け負ったが、値下げ要請が激しく、儲けが十分出なかった。

さらに、金融機関出身の経営コンサルタントの助言を得て新工場の売却先を探したほか、切り餅以外の収入源を得ようと東京の老舗和菓子店と業務提携も模索した。だが、いずれも道半ばで終わった。

新工場に伴う借入金の返済が本格的に始まる2015年3月の資金繰りがつかず、金融機関に支払いを猶予してもらった。それでも状況は改善せず、手形の不渡りが避けられなくなった。

民事再生法ではなく、破産を選択せざるを得なかったのは、後継者を失って見城社長の気力がそがれた面はもちろんある。しかし、売上高の約3倍に及ぶ金額の負債が膨らみ、再生不可能な水準になったことも見逃せない。

大手との競争激化に伴う過大な設備投資、デリバティブでの損失、後継者の死――。苦境が次々と襲いかかり、破産申請に至った東京もち。このうち、前の2つには、実は共通する原因がある。トップが数字に弱かった点だ。

陳述書の中で、見城社長は「私は切り餅や和菓子作りの技術者であり経理のことは全く分かりません」と吐露している。過大な設備投資や本業と関係の薄いデリバティブ購入に走った裏には財務への疎さがあった。結局、技術者であっても経営者になりきれなかったことが、最悪の結果を招いた。

（2015年11月号掲載）

過大な設備投資が大きく影響した

破綻の要因

- 主力製品の切り餅で大手に対抗できる商品の開発が遅れた
- 年商の約1・5倍に当たる過大な設備投資が「空振り」に終わった
- 金融派生商品（デリバティブ）に手を出して巨額の損失を出した

収益構造を改善できなかった

東京もちの業績推移

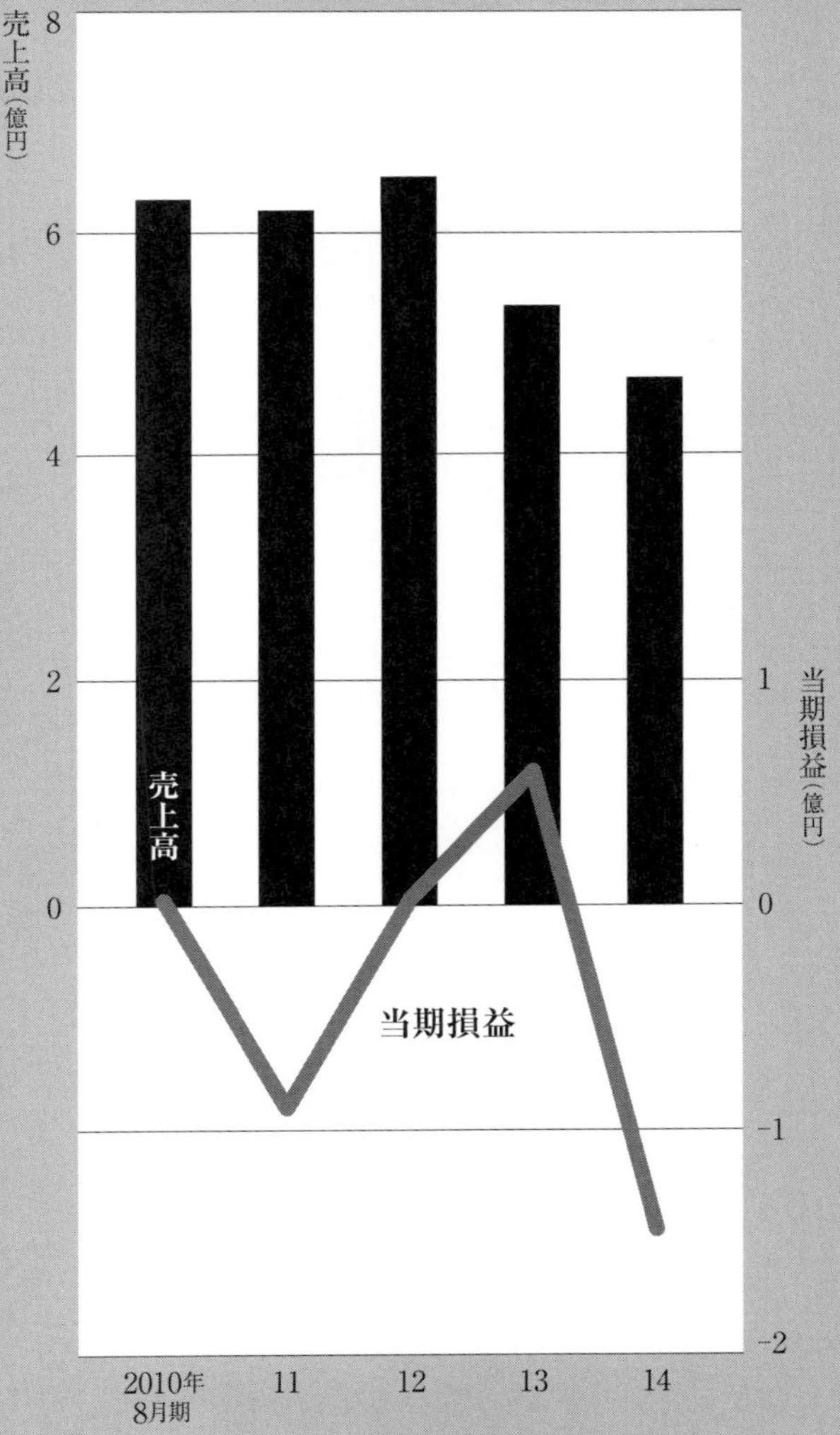

CASE 11

ギフト市場の変化に乗り遅れ雑貨卸が不渡り2回で破産

吉田

［服飾雑貨卸］

東京・台東にある吉田の本社。ベルト工場から服飾雑貨卸に進出し、業績を伸ばした

下町のベルト工場から、カタログギフト向けの服飾雑貨卸に進出して成長した。冠婚葬祭ギフトの需要が落ち込む市場の変化に対応できず、業績が低迷。独自企画の商品販売で挽回を狙ったが、不渡りを出し事業継続を断念した。

結婚式の引き出物や葬儀の返礼として定着したカタログギフト。服飾品、食器などが並ぶカタログから好みの商品を選んでハガキやウェブサイトで注文すると、商品が届くおなじみの仕組みだ。

吉田(東京・台東)は、カタログ用の商品を扱っていた。商品は主にベルトや手袋、バッグなどでカタログギフト会社のほか、百貨店にも卸していた。しかし、2018年1月18日に自己破産を申請し、翌日に破産手続き開始決定を受けた。負債総額は14億6000万円(東京商工リサーチ調べ)。

ギフト卸に進出して成長

吉田は1959年、木庭明社長(仮名)の父が婦人向けなどのベルト専業メーカーとして創業。原材料の皮革を近隣の工場などから仕入れて加工し、百貨店や衣料販売店などに販売して成長した。

木庭社長は1969年、前身の吉田商店に入社。1993年頃に会長となった父を継いで社長に就任した。

1990年代から結婚式や葬儀でカタログギフトの利用が広がり始めると、木庭社長はこの市場に注目。主力商品のベルトに加え、バッグ、洋傘などの服飾雑貨全般をカタログギフト会社に卸すようになる。

カタログギフトの普及とともに、吉田の事業も拡大。2006年2月期には売上高16億7000万円(帝国データバンク調べ)を確保。直近はカタログギフト向けが売り上げ全体の7割を占めていた。

しかし、ここ数年でカタログギフト市場が大きく変化した。

矢野経済研究所によると、2016年の国内ギフト市場は前年比2・5%増の10兆2070億円。市場規模こそ拡大したが、従来の主力だった冠婚葬祭、中元・歳暮といった贈り物は減少。逆に伸びたのは、親、子供、友人などに日ごろの気持ちを示すカジュアルな贈り物だった。

こうした用途の変化とともに、人気を集める商品も、ベルトなどの「モノ」から旅館の宿泊、レストランでの食事といった「体験型」に変わり始めた。

「吉田は冠婚葬祭向けギフトが強かった」(取引先)とされ、市場の変化が業績を直撃した。2017年2月期の売上高は10億7800万円と2006年2月期の7割弱に減少。

カタログギフト業界では人気商品がホテル宿泊や食事などの「体験型」にシフト。しかし、吉田はニーズの変化に対応できなかった（写真は他社の例）

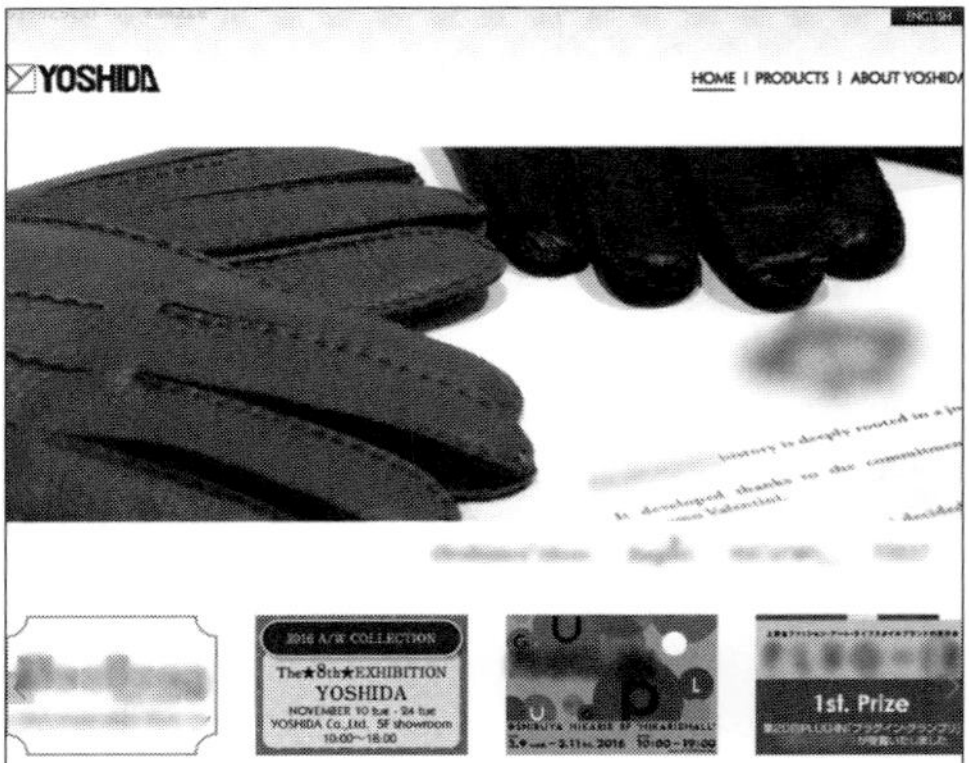

イタリア有名ブランドとライセンス契約をして手袋なども販売(同社ウェブサイトより)。多様化する消費者の獲得を狙ったが、及ばなかった

約5000万円の最終赤字だった。

病院向け雑貨を模索

この間、木庭社長はさまざまな手で売り上げ回復を目指した。その様子からは、ギフト市場を切り開いた木庭社長らしい積極さが見て取れる。

2005年からは衣類やキッチン雑貨などをそろえた服飾雑貨のアウトレット店「スクーターー・ファミーユ・ドゥ」をアウトレットモールに出店し、一時は3店に拡大した。

2014年頃にはイタリアの有名ブランドとライセンス契約を結び、同ブランドの手袋を取り扱うなど、新規顧客の獲得を狙った。また、自社企画のブランド「hug3（ハグミー）」「hug2（ハグニャン）」も立ち上げた。hug2は猫が好きな女性を狙い、猫の写真をプリントした洋傘などを開発。東京都内の大型雑貨店内にhug2ブランドの直営店を期間限定で開くなど、猫ブームを取り込んだ。

もう1つの新規事業は、病院向けの女性雑貨ブランドを企画する会社への商品供給だ。従来、入院患者向けに売られている雑貨はシンプルなものが多かった。「女性が好む華やかなデザインにしたヘアキャップやポーチなどを供給することで、病院内の新たなニーズを開拓できると、木庭社長は期待していた」(ある取引先)。実際、ここ2年ほどで売り上げが伸び始めていたという。

しかし、アウトレット店は2013年2月期までにすべて撤退という結果に終わり、成長を始めた独自企画の雑貨なども、カタログギフトの落ち込みをカバーできるまで育つには時間が足りなかった。

事業の柱であるカタログギフト部門の減収は続いた。帝国データバンクによると2016年2月期のカタログギフト部門の売り上げは、前期比1割減の9億7600万円。一方、百貨店向けなどカタログギフト以外の雑貨販売は前期比5割増の4億5800万円。金額では両者がほぼ相殺する格好だ。カタログギフト以外が伸びても吉田全体の業績は回復しなかった。

また、カタログギフトならば在庫を持たずにメーカーから購入者に直送できる商品もあるが、独自商品は在庫が必要になる。2017年8月時点で、吉田は約3億6000万円の商品在庫を抱えていた。

吉田は借り入れで資金繰りをしのぐ厳しい状況が続いた。

最初の不渡りで信用不安

2017年12月25日、吉田が振り出した手形が不渡りとなった。信用不安が広がり、一部の取引先の入金も滞り始めた。この状況下で2018年1月4日には再び手形が不渡りとなった。2回の不渡りを出して銀行取引停止となり、吉田は事業継続を断念した。

吉田の破綻が物語るのは、特定の市場に依存する難しさだ。冠婚葬祭用ギフトが伸びているときはいいが、その市場が低迷すると大きな影響を受けてしまう。

ただし、冠婚葬祭向けが低迷する中でも、大きく売り上げを伸ばしたカタログギフト販売会社もある。体験型ギフトへの転換を先取りして有名ホテルの宿泊商品を充実させたり、クレジットカードの利用者がポイントをためて交換する商品をカード会社から受注するなど法人需要を開拓したりして、冠婚葬祭需要の低迷を乗り越えた。

メーカーから卸に転じた吉田は「モノ」を扱うことは得意でも、体験型の商品を仕入れるノウハウは乏しい。また、体験型商品は旅行会社などと直接組めばよく、卸が介在する余地は少ない。結局、吉田の対応は後手に回った。

「木庭社長は責任感もあり仕事熱心な経営者だったが、70歳と高齢。若年層の新しいニーズを素早く捉えられなかったのではないか」と、ある取引先は推測する。

2018年1月5日、2回目の不渡りを出した翌日に吉田を訪問した東京商工リサーチ情報部の担当者は玄関前で木庭社長と遭遇。「『もう弁護士に任せたから、そちらに聞いてくれ』と自分を納得させるような話しぶりだった」と振り返る。木庭社長は万策が尽きたという心境だったのかもしれない。

（2018年5月号掲載）

対応が後手に回った

破産の要因

冠婚葬祭の簡素化が進み、この分野のギフト市場が縮小した

冠婚葬祭ギフト以外の新規事業への着手が結果的に遅かった

社長1人では、コト消費向けの新しい商品企画に対応できなかった

主力事業の低迷を補えなかった

吉田の業績推移

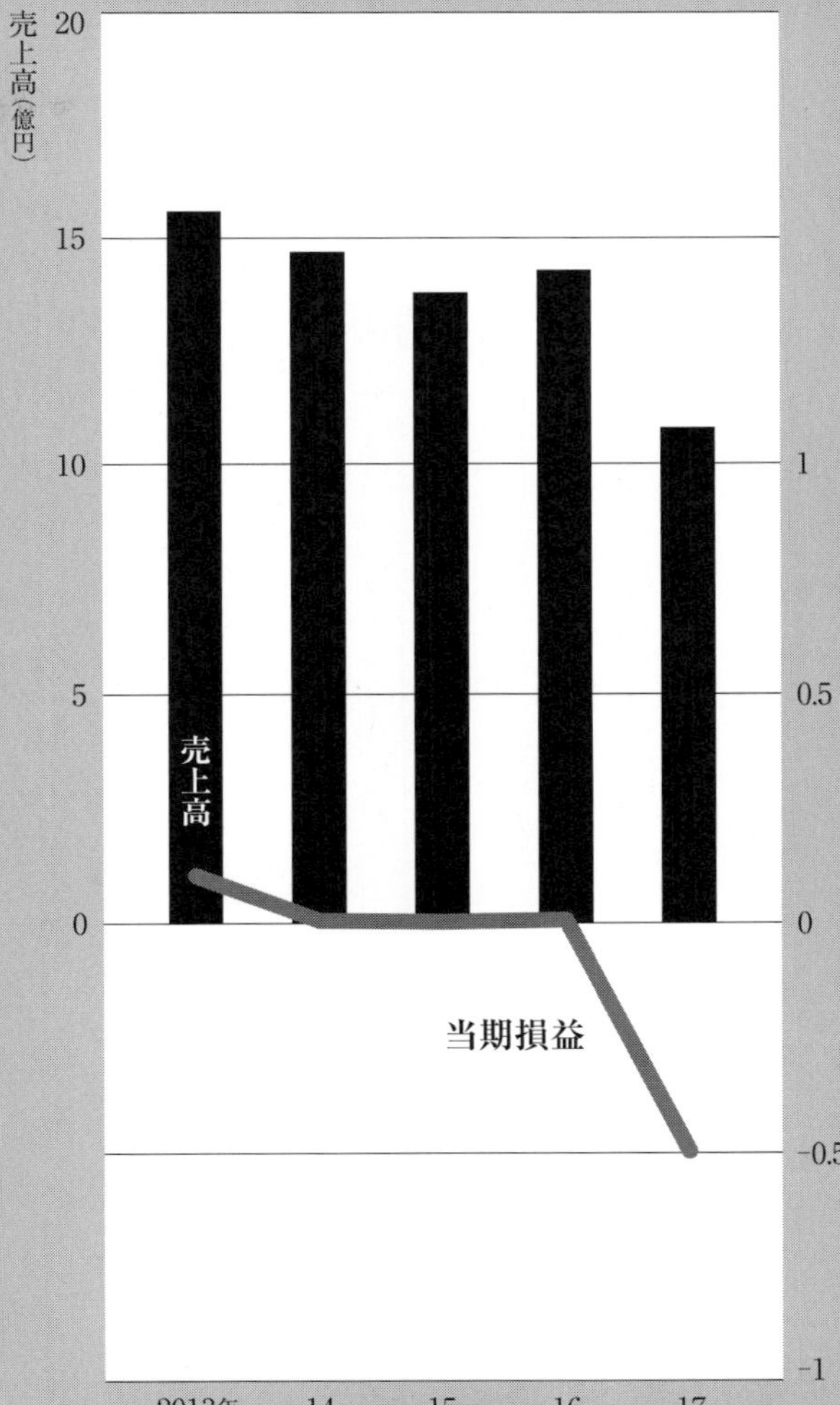

破綻の定石6

負の遺産が、挽回の足かせに

陳腐化したビジネスモデルを変えようと経営者がもがくとき、成長期の大型投資が残した借入金が足かせとなり、身動きが取れなくなることがある。

資金面だけではない。かつての成功体験も「負の遺産」。経営者や社員のマインドを縛り、変革を遅らせる。

CASE 12

テニスブーム終息で売り上げ減 過去の出店による負債が重荷に

アート・スポーツ［スポーツ用品店運営］

東京・渋谷駅近くのアート・スポーツ渋谷店。破産手続き開始後の閉店セールは常連客などでにぎわった

ピーク時は売上高が65億円を超えた創業50年のスポーツ用品店運営会社。テニスや自転車のブームが去り、売り上げが低迷するようになると、ランニングブームを狙った出店の負債が重荷となり、資金がショートした。

2017年4月初め、スポーツ用品店運営のアート・スポーツ（東京・台東、以下アート）から、ICI石井スポーツ（東京・新宿、以下石井）に緊急連絡が入った。

「今のままでは、4月末で資金繰りがショートしそうです」

石井は、2013年秋からアートと業務提携し、社員を出向させるとともに、複数回にわたる融資や仕入れの代行など、合計2億数千万円の資金援助をした。これにより、アートは滞りなく経営ができていると見ていただけに、石井側には寝耳に水だった。

アートは2017年5月9日、東京地方裁判所から破産手続きの開始決定を受けた。負債総額は15億8800万円（東京商工リサーチ調べ）。

アートは、1967年にスポーツ好きだった佐田正社長（仮名）が個人で創業。1969年に法人化した。学園紛争が落ち着き、サークル活動が華やかになった大学生のニーズなどをうまく捉えて成長した。

1977年、ランニング用品などの品ぞろえが充実した東京・上野の本店をオープン。1986年に渋谷店、87年にアウトドア（登山、自転車、ダイビング）に特化した上野のODBOX（オーディーボックス）本店を開くなど、積極的に出店を続けた。ピーク時の1992年2月期には都内を中心に約15店を構え、65億9000万円を売り上げた。

「佐田社長はスポーツ好きなことから店への思い入れは強く、店舗面積を広げてさまざまなスポーツを盛り上げたいと考えていた」(関係者)。特に、ランニングやアウトドア関連では、専門的な品ぞろえと接客力の高いスタッフがいることでアートは知られていた。

長年の取引があった業界関係者は「アートには普通の店にはない商品がそろっていた。僕らはアート店頭を見るととても勉強になった」と話す。この関係者によると、佐田社長は各店の店長らに仕入れ先を精力的に開拓させていたという。スタッフは自ら仕入れた思い入れがある商品を直接説明して売ることで、ほかにはない手厚い接客を実現した。

ランニングブームが転機

2007年に第1回の東京マラソンが開かれ、ランニングブームが起きると、アートは再び出店を加速させた。皇居の周りを走る人の需要を見込んでシャワー室まで設置した日比谷店、池袋店を相次いでオープンした。

さらに2010年には、御徒町駅前に百貨店が建てたビルの1階と2階に上野本店を移転。旧本店の建物は自転車・テニスの専門店として改装オープンした。移転と改装のため、2億円を超える新規融資を受けた。この大型投資が経営の転機になった。ランニングブームを追い風に、新店舗で売り上げを伸ばす狙いは、裏目に出た。2011年3月、東日本大震災が発生し、スポーツイベントやレジャーの自粛が広がり、売り上げ低迷が始まったからだ。

2011年5月には赤字続きだった池袋店を閉店するなどして一息ついたものの、しばらくすると、再び業績が低迷するようになった。

低迷から抜け出せなくなった背景として、東京商工リサーチ情報部の担当者は「インターネット販売の影響がある」との見方を示す。実際、アート破産後の閉店セールでスタッフに尋ねると「商品の特徴を説明した直後に、店の外に出てスマートフォンで購入するお客様がいた」という。実店舗で商品を見て、価格の安いインターネット販売店で購入することがスポーツ用品でも増えていた。

再び窮地に立ったアートは、前述のように、2013年秋、スキーや登山用品に強い石井と業務提携。店舗の整理をするための融資を受けた。2014年には御徒町周辺の店舗を集約し、2015年には日比谷店を閉鎖した。その一方で、新宿などにある石井の一部店舗内にアート専用のコーナーを設けて販売拡大も目指した。

専門的な品ぞろえでファンをつかんだが

上野の本店。破産申請後の2017年5月12日、石井への事業譲渡が終わり、同日夕方から営業を再開した。右は旧アートのポイントカード。根強いファンが多かった

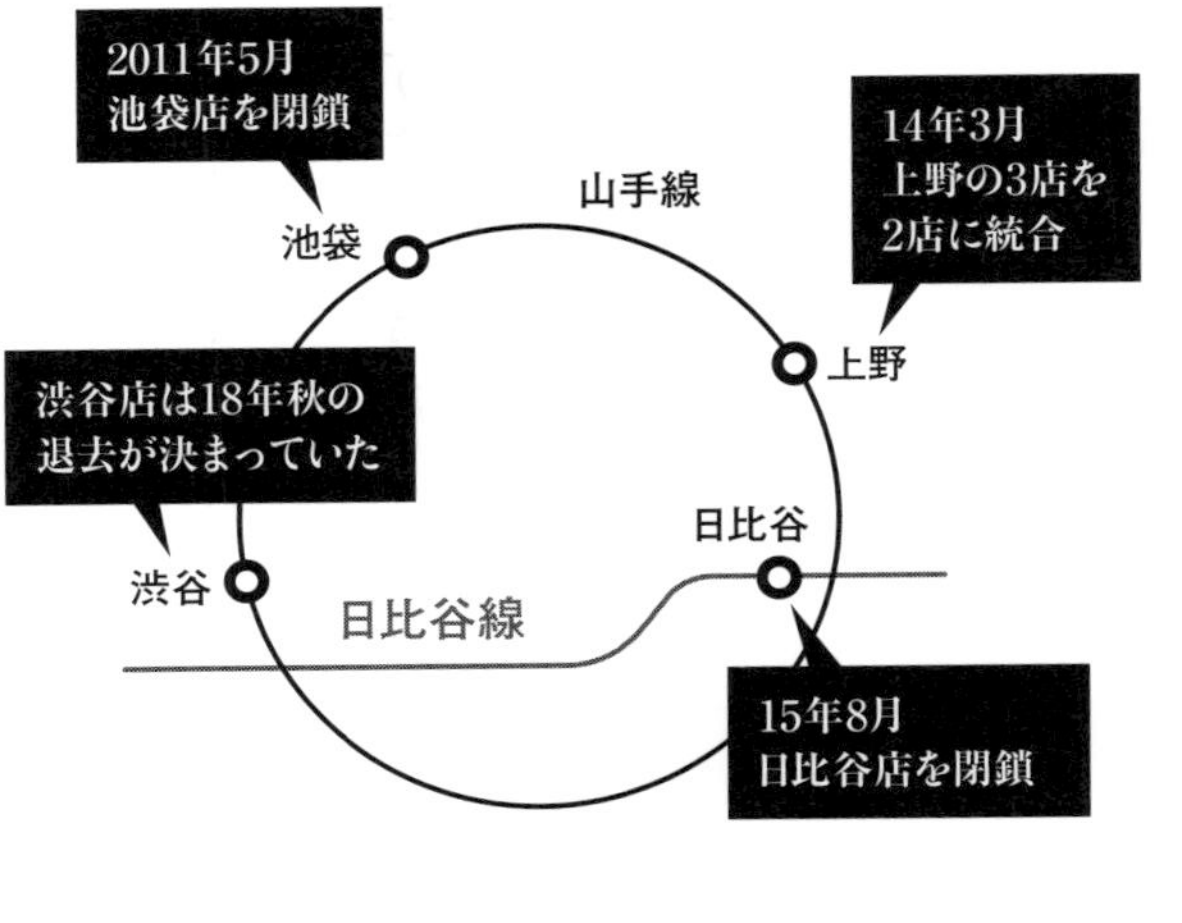

しかし、てこ入れ策は十分な成果を生めなかった。2007年頃から始まった錦織圭選手の活躍をきっかけとしたテニスブームと、健康志向に伴う自転車ブームが一段落し、売り上げが大きく減少。直近では「ランニング、アウトドア関連は前年並みを維持していたが、テニス、自転車関連は80%以下だった」(石井関係者)という。ランニング、アウトドアは商品に特色があったが、テニス、自転車は平均的な品ぞろえだったからだ。インターネット販売などの競合も多い今、平均レベルの店では客離れが深刻で、次のブーム到来まで持ちこたえられない。

アートは2012年以降売り上げを減らし続け、ついには、2017年4月末の資金繰りが難しくなった。

「広い店にお客は集まる」

法的整理を決断する直接のきっかけは、売上高の約4割を占めていたとみられる渋谷店が2018年秋に撤退せざるを得なくなったことだ。駅周辺の再開発が理由で、アートには店を移転する資金は残っていなかった。4月末を乗り切ったとしても、長期的な売り上げ回復の可能性がなくなった。

石井側はこの状況を知り、さまざまな可能性を検討。受け皿となる新会社を設立し、上野本店の事業を1億数千万円で譲り受ける救済策をアートに提案した。アートは、石井案に乗るしかないと判断したようだ。5月8日に石井と事業譲渡の契約を結び、翌日に破産を申請。12日夕方には新会社の下、上野本店が営業を再開した。

テニス、自転車ブームの終息をアートが乗り切れなかったのは、2007年以降の出店などで負債を拡大したこと、2014年に御徒町の店舗を整理する際に旧本店を閉めなかったことが大きい。旧本店は、佐田社長にとって初の大型店で、「自転車という商品にも思い入れが強かった」(関係者)。そのため撤退の決断ができずに資金流出が続いた。

ある業界関係者はこう指摘する。「佐田社長は、広い店舗を持てばお客は集まると話していた。成長期はこの発想でも何とかなるが、売り上げが低迷する状況では広い店舗ほど固定費が重くなって利益を圧迫してしまうという視点が不足していた」。

環境変化の波にのまれて業績が長期低落している場合、何よりもまず、経営トップが古い発想を捨てなければ事業を再生できない。アートの事例はそのことを物語っている。

(2017年7月号掲載)

ブーム沈静化に対抗する増収策がなかった

破綻の要因

ランニングブームに乗り、相次いで出店した大型店による負債が重荷に

テニス、自転車ブームの後、有効な増収策を打ち出せなかった

東日本大震災やインターネット通販台頭などで顧客離れが進んだ

売り上げが減り続けた

アート・スポーツの業績推移

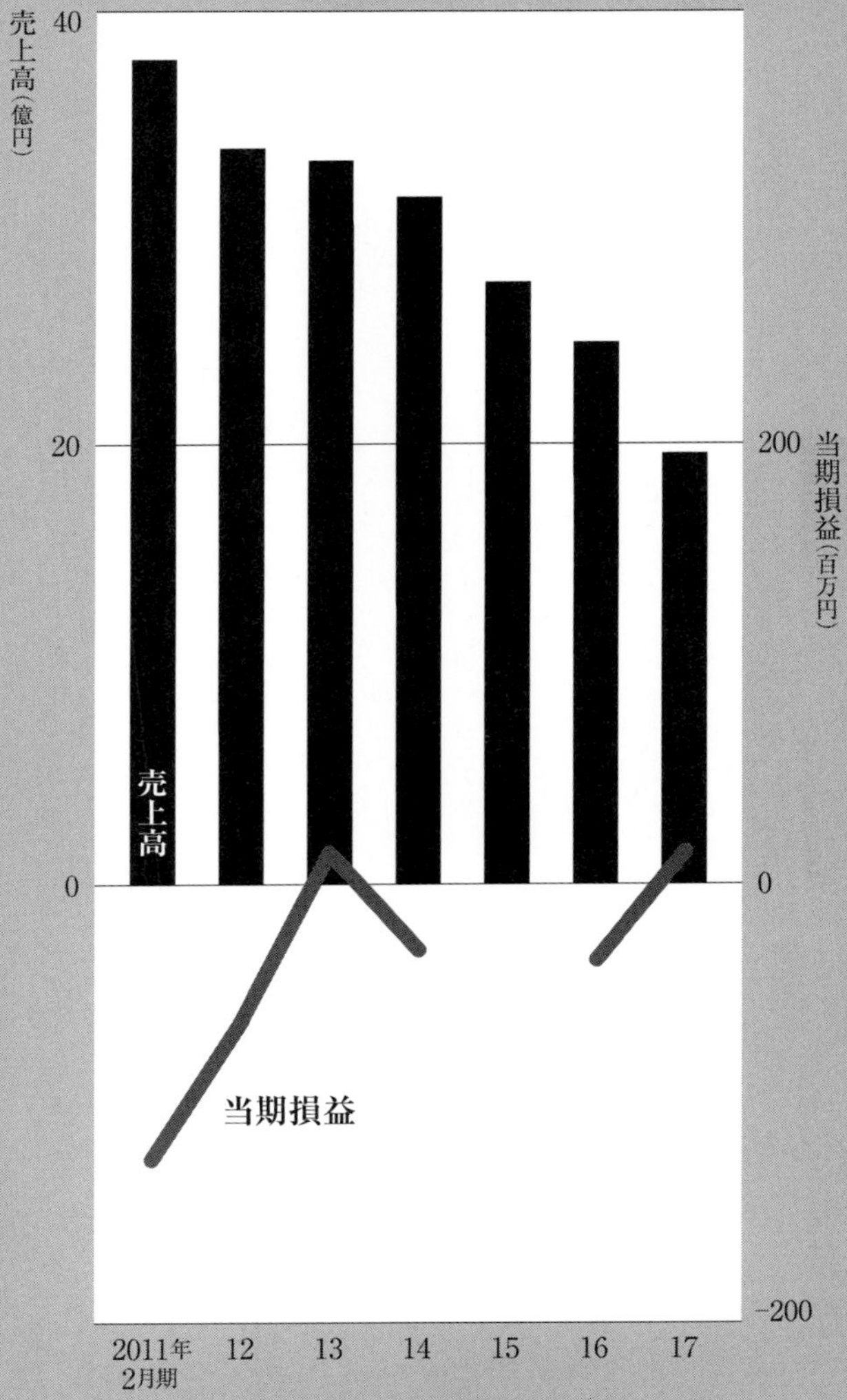

※2015年2月期の当期損益は不明

CASE 13

一貫生産の強みが、弱みに転じる苦悩の3代目、中国事業で痛手

テラマチ［機械部品の製造］

国内屈指の機械保有台数を誇った部品メーカーが経営破綻した。一貫生産で培った技術力には定評があり、「はやぶさ2」の搭載装置の開発にも関わった。だが、小ロット化などの変化に対応できず、起死回生を狙った中国事業でも失敗した。

愛媛県西条市にあるテラマチの本社・工場

「我々が目標とするモデルファクトリーだったのに」。愛媛県のある機械メーカー社長はそう残念がる。同県西条市のテラマチは、かつて四国を代表する優良企業だった。

テラマチは農業・建設機械向けの部品を作り、最盛期には800台の生産機械を保有。金属の強度を高める鍛造から、加工、熱処理、組み立てまで一貫生産できるのが強みだった。緑あふれる広大な敷地には6棟の工場があり、温度変化による部品の伸縮を防ぐため、工場内は一定室温に保たれた。

その高い技術力を買われて、2014年に打ち上げられた小惑星探査機「はやぶさ2」の物質採取装置の開発にも携わった。だが実は、テラマチの資金繰りは長く綱渡り状態が続いており、2016年1月19日、松山地方裁判所西条支部に民事再生法の適用を申請した。

直近の2015年3月期の売上高は12億8300万円で、4億4000万円の最終赤字を計上。負債総額は約29億円に上った。

破綻の背景を探ると、経営環境の変化に翻弄された3代目社長の苦悩が浮かび上がる。

「中国には負けない」

テラマチは田辺良介社長（仮名）の祖父、良和氏（仮名）が1933年に創業。当初は大阪で部品加工業を営んでいたが、戦火を逃れ愛媛に移った。同地は住友グループ発祥の地で、町工場が集積する企業城下町。だが、よそ者の良和氏には冷たく、熱処理などを請けてくれる会社を探すのも一苦労だったという。

そこで良和氏は自前主義を掲げ、利益を積極的に設備投資に振り向けていった。これが結果的に、一貫生産体制という強みにつながる。「テラマチに頼めば素材加工から組み立てまでしてくれるので、発注者はラク。一貫生産だからコスト競争力もあった」と、ある取引先は振り返る。

もともと農機メーカー向けのネジ類の製造を得意にしていたテラマチの業容は、一貫生産を武器に徐々に拡大。1990年代には建機、工作機械などの大手メーカーが顧客に名を連ね、生産品目は2000種類以上に及んだとされる。

「中国や韓国など、海外企業との競争には絶対に負けない」。1985年に事業承継した2代目社長の良純氏（仮名）は常々、周囲にそう語っていたという。アジアの部品メーカーは品質面で日本企業に及ばず、一貫生産体制を敷くテラマチはコスト面でも分があると見ていた。

だが、当時はあまり知られていなかったが、テラマチの利益率は低く、たびたび赤字に転落していた。東京商工リサーチの調査資料を過去にさかのぼると、例えば1999年12月期には約19億円の売上高に対し、7000万円の最終赤字を計上している。原因は、過大な設備投資にあった。

20億円の借金の重荷

ある関係者はこう証言する。

「初代の良和氏が30億円の借金をつくった。2代目の良純氏は10億円減らしたが、20億円の借金を抱えた状態で、2005年に3代目にバトンタッチをした」。当時のテラマチの売上高は20億円前後。同規模の借金は重い。

なぜ、そこまで借金が膨らんだのか。「初代も2代目も職人気質で、難しい仕事を頼まれれば進んで取り組んだ。それが技術力を磨いたのは確かだが、財務的には過大投資という認識も薄いまま、最新設備を買い続けた」(関係者)。

それでも、大量注文がいくつも舞い込んできた時代には、資金は回った。田辺家は地元の名士となっており、金融機関からの信用も厚かったという。しかし、田辺社長が3代目に就任した2005年頃から、会社の雲行きは怪しくなる。

まず中国をはじめとする海外企業の技術力が飛躍的に向上し、日本の部品メーカーの仕事が減った。これに加えて、市場の成熟化などにより、発注の小ロット化と短納期化が、それまでにも増して進んだ。この環境変化が田辺社長を苦しめる。

数量の少ない注文を段取りよくこなそうとしても、6工場にまたがる工程間の至る所で、仕掛品の滞留が発生した。これがコストアップの要因となり、納期にも影響が出た。「試作を頼んでも、他社の倍以上の日数がかかった」と、ある取引先は明かす。

物がうまく流れない上、注文量も減ったため、社員の手待ち時間は増えた。ある関係者はこう話す。「例えば最近の鍛造工程は週に1日しか稼働していなかった。1日のためだけに鍛造専門の職人を抱えている。仕事がない日は他の工程も手伝っていたが、『餅は餅屋』で作業効率は上がらない」。

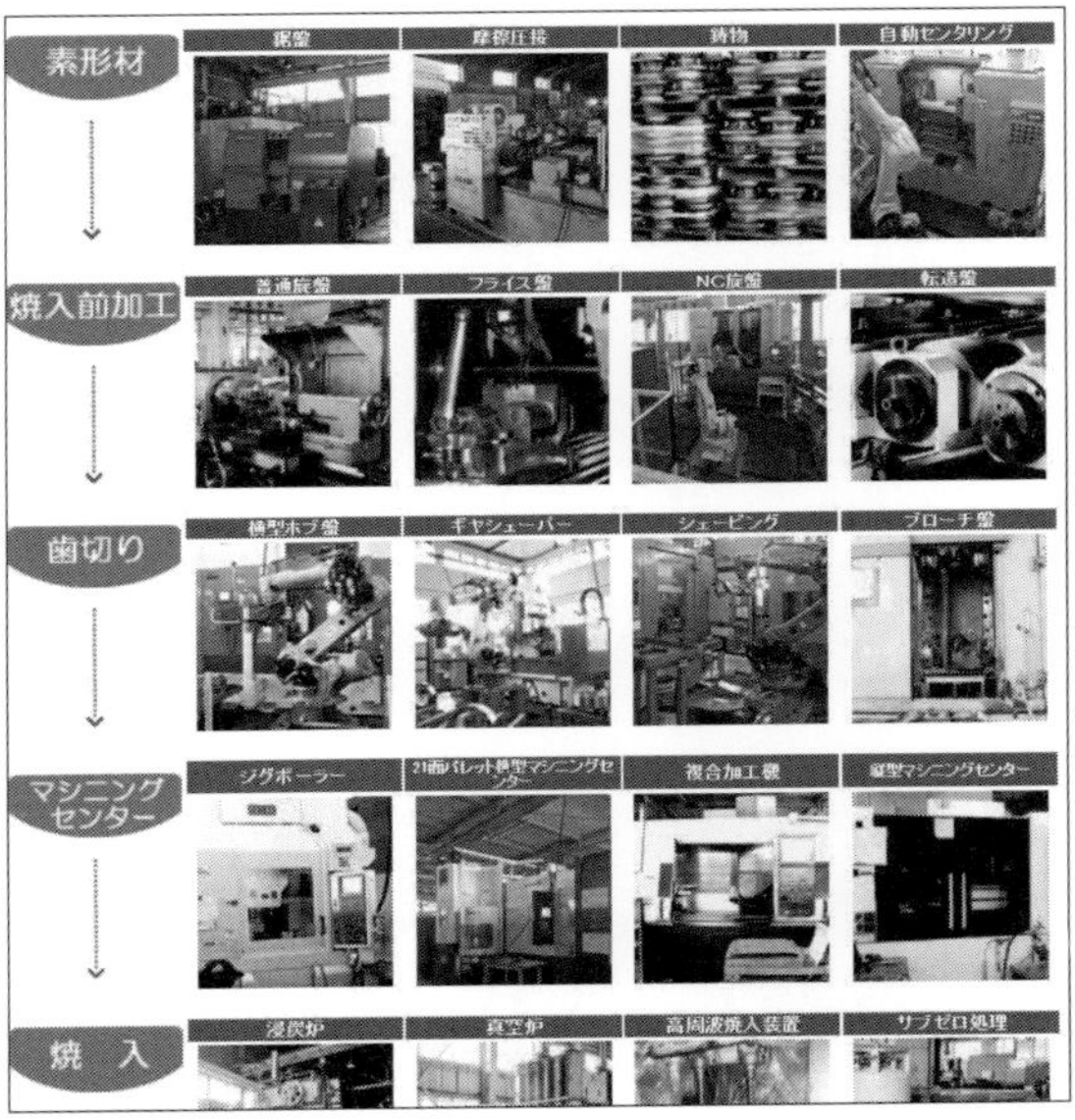

テラマチのホームページより

機械が800台もあれば保守費用も大きい。一貫生産の強みは弱みに転じた。一貫生産自体は悪くないが、生産の効率化が遅れていたテラマチの場合は、設備を持て余すようになったのだ。危機感を抱いた田辺社長は、稼働率が低い機械を売却し、300台まで減らした。同時に「多品種少量・短納期」の時代要請に応えるため、生産体制の改革に着手した。

　しかし、改革は遅れた。田辺社長本人がこう振り返る。

「社内には昔からの職人がたくさんいる。彼らは難しい仕事を成し遂げることに喜びを見いだし、小ロット化の対応などにはなかなか意識転換が図れなかった。一貫生産・大量生産で成功した長い歴史も邪魔をして、舵を切ろうとしても十分に切れなかった。経営者としての私の力不足だ」

中国建機市場を見誤る

先代から20億円の負債を継いだ田辺社長にとって、改革は時間との勝負でもあった。そんな折、大きな仕事の話が舞い込む。中国製の建機に組み込む減速機の生産だ。時は2011年4月、声をかけてきたのは国内大手機械メーカーA社。

減速機は動力の回転数を制御する基幹パーツ。A社はその減速機と自前の油圧機器をセットで、中国の大手建機メーカーに納品するという。ただ、発注元の中国企業が提示した生産量を作るとなると、テラマチは16億円の新規投資をしなければならない。

当時、中国の建機需要は拡大基調にあった。その勢いがいつまで持つかは分からないが、提示された発注量が続けば2年で元が取れると、田辺社長はそろばんをはじいた。そしてこの仕事がうまくいけば、懸案の有利子負債をかなり軽減できるという期待もあった。こうして16億円の投資に踏み切る。

ところが工場がフル稼働を始めてからわずか半年後、中国経済の変調で建機需要が急減。中国企業が減速機を内製化する方針に変えたこともあり、テラマチの生産ラインは止まった。A社は8億円相当の設備をテラマチから買い取り、残りの設備についてもテラマチが他社に売却したが、残った借金と金利負担は重かった。

さらに追い打ちをかけたのが「得意先の大手B社に、そのライバル社の仕事をしたという理由で、2016年3月期の年間発注量を3分の2に減らされた」(関係者)ことだ。3月の決算期まで持ちこたえれば一息つけるという瀬戸際の状況も、万事休すとなった。

企業が3代も続けば、経営環境は大きく変わる。経営改革が成功すれば会社はより発展し、失敗すれば危機を招く。それが3代目に課せられた宿命である。テラマチはスポンサーを募り再建を目指すが、田辺社長はいずれ自己破産し、経営から身を引くという。

(2016年3月号掲載)

負の遺産と経営環境の変化に翻弄された

破綻の要因

創業者、2代目の過剰な設備投資が3代目まで尾を引いた

小ロット化、短納期化の変化に対応できなかった

借金の削減を狙い、16億円の投資に踏み切るも失敗

技術力を誇るも利益が出ない

テラマチの業績推移

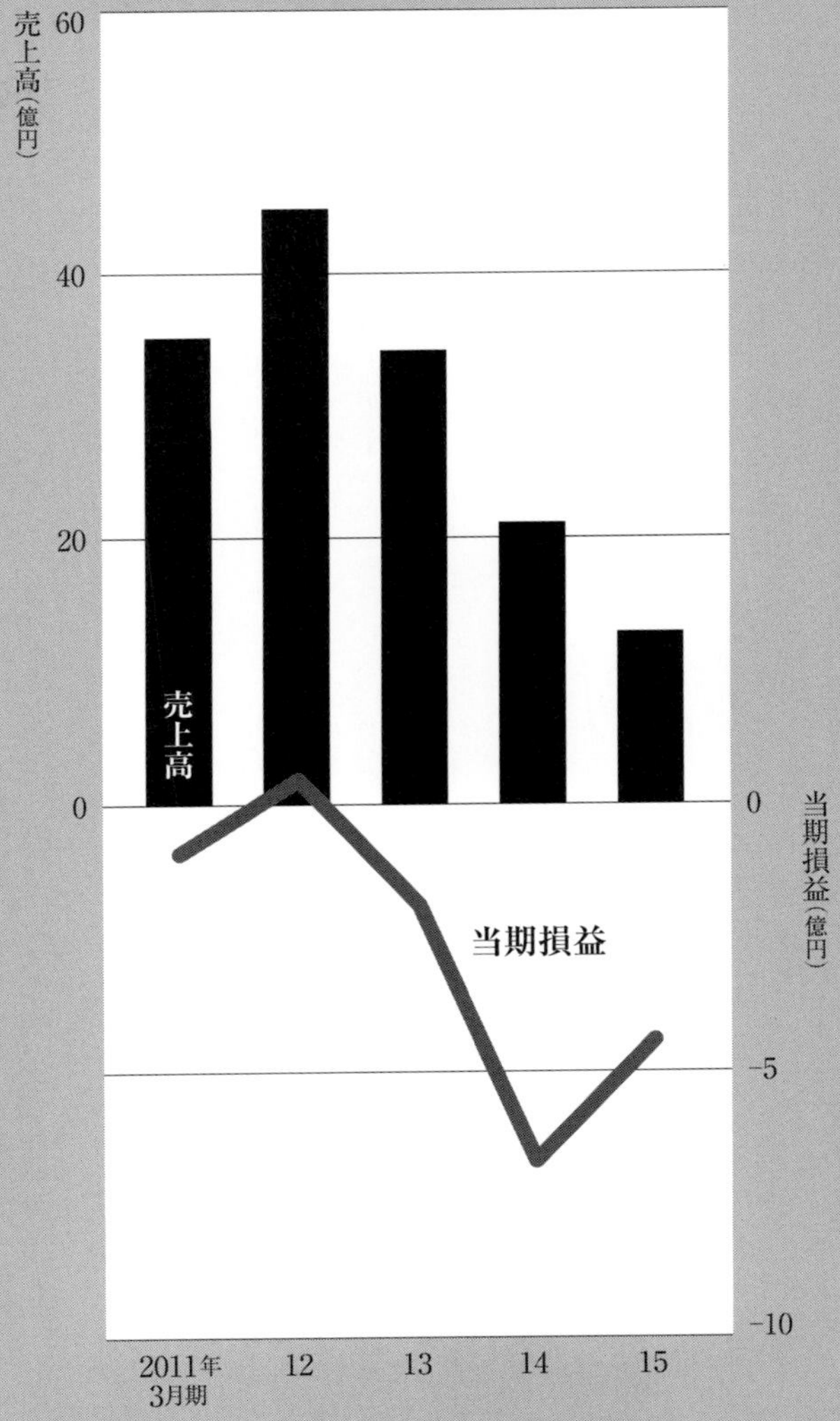

田辺良介 テラマチ元社長（仮名）

事業縮小を嫌がる社員たちを説得できなかった

2016年の経営破綻から2年。
失敗は多くの教訓を与えてくれる。
テラマチ3代目の元社長が名門凋落の原因を語った。

生産機械を800台も抱え、一貫生産しているといえば聞こえはいいですが、経営の実態は自慢できるものではありませんでした。祖父の時代から、多額の借金を重ねていたからです。1990年代や2000年代には何度も赤字に転落。技術力だけでは経営できないと強く痛感しています。

テラマチは1933年に祖父が創業しました。当初は大阪で部品製造を営んでいましたが、戦火を逃れ愛媛に移ります。愛媛は住友グループ発祥の地で、町工場が集積する企業城下町。けれど、よそ者の祖父には冷たく、熱処理などを引き受けてくれる会社を探すのも一苦労だったそうです。

そこで祖父は自前主義を掲げて、利益を積極的に設備投資に振り向けました。これが結果的に、一貫生産体制につながります。「テラマチに頼めば素材加工から組み立てまでしてくれる。一貫生産だからコスト競争力もある」と、お客様から重宝がられました。

ただ、その分借り入れもかさんだ。職人肌の祖父は、新しいものを開発することに喜びを見いだすタイプ。利益が出たら最新設備をいくつも購入する。新しい機械によって技術を磨き、付加価値の高い仕事を取っていったのは事実ですが、財務は無頓着でした。

その傾向は、父の代に移ってからも変わりませんでした。父も職人肌。祖父は30億円の借金をつくり、父はそこから10億円減らしたものの、2005年に私が社長を継いだときは20億円の借金がありました。20億円というのは、当時の売り上げとほぼ同額です。

非効率な生産現場

大量の機械を抱えて一貫生産することが、自社の強み。その特徴を磨くためには、どんどん利益を設備投資に振り向けていいのだと、祖父も父も思い込んでいたのかもしれない。でも、それは間違いです。財務に見合った投資をしなければ経営は成り立たない。

もっとも、私自身もその片棒を担いだ1人です。効率化とはほど遠い経営をしていたからです。今になって振り返れば、自社の設備を最大限に生かそうという意識が全く欠落していました。

どの会社も既存事業の成長力が落ちれば、新規事業を考えるでしょう。テラマチの歴史を振り返っても、そうでした。

創業当初は船舶ディーゼルエンジン用、農業機械用のネジ類の製造を得意にしていました。その競争力が落ちてくると、繊維機械の部品、次は工作機械部品、さらに建設機械の部品へと主力商品を移しました。

表面的には、環境に合わせて柔軟に商品を変えていると映るかもしれません。ただ、利幅が取れる商品を作るという発想しかなく、既存の設備がほとんど生かせない事業に出ていったのです。

例えば自前で熱処理炉を持っているにもかかわらず、建機用シャフトの熱処理は、外部の専門会社に頼んでいました。テラマチの熱処理炉は、農機などに使う小型部品には向いていましたが、大型の建機用シャフトとなると3本しか入りません。それが専業メーカーの熱処理炉なら100本入る。生産効率がまるで違うのです。

新規事業の立ち上げのたびにほぼ一から投資をするので、恒常的な資金不足。中には月に1回、年に1回しか使わない機械もありました。使わないなら売却すればいいのにと思うでしょうが、それすらしなかった。全く使わないわけではないし、新しい機械が壊れたら古い機械の部品で修理できると考えていたからです。

田舎ですから工場は広い土地を贅沢に使っていましたが、800台の機械が6棟の工場に点在しているのは、とても非効率。工場のあちこちに仕掛品が滞留し、スムーズにものが流れない。

2000年代以降、少量多品種の仕事が増えていたのに、テラマチは対応が遅れていました。その原因がこうした過剰設備でした。

製品の原価は知らない

どうして、既存設備が生きる分野に進出できなかったのか。そこにはいくつかの原因があると思いますが、その1つは、私自身、どの部品が儲かっているかを理解していなかったことです。

経営破綻前、愛媛県中小企業再生支援協議会の再生案件に採択され、そこから派遣された経営コンサルタントの方にテラマチの再生計画をつくってもらったことがあります。そのときの指摘に、私は心底びっくりしました。

船舶用のボルト、産業機械向けのシャフト、そして歯車が最も利益が出ているというのです。それらはてっきり赤字だと思っていました。例えば他社が単価1000円で納品していたボルトを、うちでは700円で出していた。そこまで価格を下げたら赤字だろうと勝手に思い込んでいたのです。

しかし、そうした部品はいずれも祖父の頃から手掛けているもの。自家製の設備に工夫を重ね、省人化・高速化が進んでいました。他社より格段に安い値段で売っても、まだ十分な利益が出ていたのです。なぜそんな誤解をしていたかというと、製品ごとに原価管理をしていなかったからです。

収支は顧客ごとに管理するだけでした。「A社には、今月これだけの売り上げと原価がかかった」という程度です。A社に納めている部品のうち、どれが利益に貢献しているのかは算出しなかった。総原価もざっくり計算したもので正確かどうかはあやしい。

稼ぐ商品に絞っていれば

今から思えば、なぜきちんと原価管理をしなかったのかと思いますが、当時はその程度の経営でもお金が回っていた。そして恥の上塗りをするようですが、20億円の借金を返済するには、細かく原価管理をするよりも、売り上げが稼げる仕事を取ってくるほうがいいと考えていたのです。

再生支援協議会が出した再生計画は「利益が出ている商品にアイテムを絞りなさい」という、ごく当たり前のものでした。既存設備を生かすより、利幅の厚い新事業を獲得するという私たちの戦略は、まるで見当違いだったのです。

そんな未熟な経営で競争力を保てたのは1990年代まででした。自社の競争力が落ちたとはっきり感じたのは2003年頃。

その年、農機に組み込む油圧シリンダーの仕事を中国企業に奪われました。父は「もっと付加価値のある仕事を探してこい。取ってきたらどんなに難しいものでも、現場で形にしてやる」と、営業担当だった私に命じました。

それで2006年に建機の基幹部品である減速機の仕事に参入した。一時は業績が回復したのですが、やはりこのときも長続きしなかった。テラマチの歴史はいつもこうした繰り返し。自分たちの強みを正しく見極め、その強みをできるだけ生かしながら事業を広げればよかったと悔やんでいます。

設備の無駄の多さに、全く手を打たなかったわけではありません。けれど、改革をやり切れなかった。なぜか。弟の存在です。

兄弟の確執が改革の壁に

私は工学部の出身ですが手先が器用でなく、昔はシステムエンジニアになりたかったくらいで、ものづくりにのめり込むタイプではありません。それに対して4つ違いの弟は、祖父や父に似て、製品開発が好きでした。

弟は私と同じ大学を出て、テラマチに入社。私が社長になってからは、専務として開発・生産を見てくれていました。父は、自分の気質と似た弟を社長に据えようとした時期もあり、弟も乗り気でしたが、結局私が社長になった。

設備売却の話を持ち出すと、弟は決まって反対しました。ものづくりの環境を死守したかったのでしょうか。再生支援協議会が入り、事業縮小案を出されても、弟はその案を受け入れようとはしませんでした。

テラマチの株はほぼ私が持っていたので、弟に退任を迫ることもでき

テラマチ破綻の経緯

1933年	**田辺良和氏が創業** 大阪市西区で事業を営んでいたが、戦火を逃れ、現在の愛媛県西条市に移転
1985年	**田辺良純氏が2代目社長に就任** 一貫生産を強みに、業容拡大。生産品目は農業、繊維、建設機械向けの部品2000種類以上に及んだ
2005年	**田辺良介氏が3代目社長に就任** 当時の売上高は20億円前後で推移。借金も20億円に及んでいた。中国などアジア企業の技術力が向上し、一方で発注の小ロット化・短納期化が進んだことで、大量の生産機械を抱えていた一貫生産の強みが弱みに転じる
2011年	**中国の建設機械メーカーの減速機需要を見込み、16億円の投資を決断** 建機需要の急減で、中国企業が減速機を内製化する方針に転換し、計画が狂う
2014年	**愛媛県中小企業再生支援協議会の再生案件に** 再生計画がまとまるも、兄弟の意見相違で十分な実行に至らず
2016年	**1月に民事再生法の適用申請** 中国企業がスポンサーに名乗り出る

ましたが、決断できなかった。弟は開発・生産の社員を味方につけていましたから、弟がやめると現場が混乱するという点もためらった理由です。

私は人に優しすぎる面があるのでしょう。祖父はカリスマタイプで、父はワンマン型のリーダーでした。どちらかの資質を受け継いでいれば、弟や社員の考えを変えることもできたのでしょうが、3代目の私は父の強引な面を間近で見てきたせいか、性格が妙に丸くなったような気がします。

家庭での父は、私たち兄弟にとっては絶対的な存在で、怒るとすぐに手を上げました。父には怖いイメージしかありません。仕事相手にも横柄なところがあり、お客様がコストダウンを求めてくると一方的に仕事を打ち切ることがよくあった。断りに行くのはいつも、私の役目でした。

大阪から愛媛に引っ越したとき、小学生だった父はいじめられたそうです。それが、自分を大きく見せようという性格をつくったのかもしれません。

いよいよ会社が危なくなり、私が「仕事をください」と昔のお客様を回ると、「君は昔、仕事を断っただろ。そんな君に出せるわけがない」と追い返されたときには本当に悔しかった。

父を反面教師としてきた優しすぎる私は、結局、経営者の器ではなかったのでしょう。800台の設備を300台まで減らしましたが、それ以上の改革は現場の協力が得られず、手つかずでした。

中国市場で「ギャンブル」

破綻の直接の引き金となったのは、中国事業の失敗です。2011年に大手機械メーカーから、中国企業の大量発注があるので、減速機を作ってほしいと依頼された。16億円の投資が必要でしたが、提示された発注量が続けば2年で元が取れる。積年の借金も一掃できるのではないかと考えました。

私はギャンブルをしました。しかし、工場がフル稼働を始めてからわずか半年後、中国経済の変調で建機需要が急減。テラマチの設備も止まりました。そろばんを弾き、こういうふうになったらいいなと、自分の思いだけで絵を描く。それでは失敗しますよね。

暗闇に光が差した瞬間

民事再生の申し立てをしようと決めたのは申請3日前でした。申請書を出し、外に出ると景色が違って見えました。真っ暗な世界に光が入ってきたような感覚です。

それまでは経営不安の噂が流れていましたから、既存の取引先に仕事を減らさないでほしいと頭を下げ、その一方で新しい仕事を取るために営業に走り回る日々。夜、会社に戻ってから再生計画を詰めたりしていると、帰宅は朝4時です。

風呂に入って2時間うたた寝して、6時には朝食を取って会社に向かう。この生活を2年間続けました。あの頃は頭の中がもうろうとし、会社はどこまで落ちていくんだろうと不安でならなかった。

それが民事再生の申請書を出した後は、何をいつまでにしてください、というスケジュールが示され、それに基づいて進めていけばいい。もうこれ以上、落ちなくていい。期日ができたことで、私は救われた思いがしたのです。

その後会社は中国企業の出資を受け、再スタートを切りました。弟は会社に残っていますが、私が戻ることはもうありません。

先日、個人の自己破産手続きが終了し、ようやく自分の先々のことを考える時間ができました。我が家の発祥は、寺の僧侶です。仏の道を歩みながら、私のような苦しみをしなくて済むように、経営者の相談に乗ることができればと思っています。

（2018年2月号掲載）

破綻の定石7

危機対応が後手に回る

リーマン・ショックに東日本大震災、デフレ経済……。倒産の理由として定番のフレーズだが、本質ではない。あらゆる企業が同じ変化に直面する中、倒産に至るかどうかの大きな分かれ目がスピード感。危機を察知し、対応する速さ。わずかな差が大きく明暗を分ける。

CASE 14

すべてを仕切るワンマン社長 商品開発に没頭、変化を読めず

大山豆腐

[豆腐・納豆などの製造]

大山豆腐の本社。前社長の故・永田氏は健康食としての納豆にこだわり続けた

自動車整備から豆腐製造に参入した創業者の前社長。豆腐、納豆、油揚げ、さらには豆腐レストランまで事業を拡大した。それぞれの事業への思い入れが強く、領域を絞り込めず、赤字を積み重ねた。

「何度も不渡りを出していたので、驚きはなかった」――。ある取引先はこう打ち明けた。豆腐・納豆製造の大山豆腐（神奈川県伊勢原市）は2017年1月31日、横浜地方裁判所に民事再生法の適用を申請した。負債総額は24億7000万円（申請時）だった。大山豆腐の売上高はここ数年減少し、最終赤字が続いていた。しかし、創業者である永田鉄平前社長（仮名）は、納豆へのこだわりを捨てきれず、赤字事業の縮小にあまり手をつけなかった。

2017年1月11日に永田氏が急逝し、社長の座を継いだ創業メンバーの百瀬秀忠氏（仮名）らがようやく民事再生の申請に踏み切った形だ。

地元の名物を社名に

永田氏は、高校卒業後に自動車整備士の資格を取得。1967年、伊勢原市で自動車整備工場を設立した。

しかし、車を修理するだけでは、社会に有益な製品を生み出している実感に乏しい――。そう感じた永田氏は1974年に新会社の日本オペレーターを設立。当初は包装機械の製造を目指したが、やがて、安定した需要が毎日見込める食品として豆腐に目を付けた。

1976年には、神奈川県山北町の工場で豆腐の生産を始めた。機械には詳しいため、豆腐製造機に次々と改良を加えて独自の生産設備を実現。凝固剤に本にがりを使った本格派の豆腐で、首都圏の大手スーパーなどに販路を広げていく。

1985年には伊勢原市で大山豆腐を設立する。同市では、地元の大山《おおやま》を中心とする山岳信仰があり、精進料理の「大山とうふ」が古くからの名物。その名を冠したブランドの確立が、設立の狙いだった。後に日本オペレーターの豆腐製造事業を大山豆腐に統合した。

永田氏の事業意欲は旺盛で、1980年代末からは納豆の製造に乗り出した。「納豆菌が生み出す酵素が血栓を溶かす」などと報道などで注目されたことから、健康食品として売れると読んだ。

その後も、永田氏はさらに事業拡大を続けた。2005年には本社横に2階建てで専用の豆腐工場も備える豆腐料理レストラン「豆腐本陣 山水亭」を設立。永田氏の長女を中心に運営した。「創作豆腐割烹のような業態で、夜は客単価7000～8000円」(取引先）という高級店だった。

２００６～07年にかけては、同業の豆腐・納豆製造会社を相次いで買収。こうした事業拡大により、大山豆腐の売上高は、２００８年９月期に44億７０００万円に達した。

リーマン・ショックで誤算

しかし、ほぼ同時期に米国でリーマン・ショックが発生すると、永田氏の積極策が裏目に出始めた。

２０１０年10月には山水亭が閉鎖に追い込まれた。「大山豆腐に飲食店経営の経験がなかった」（取引先）ことに加え、景気低迷で消費者が出費を控えたことが影響した。豆腐に次ぐ柱になるはずだった納豆は、価格競争に巻き込まれて赤字に転落した。「直近では、毎月２００万円近い赤字が出ていたようだ」とある取引先は指摘する。

２００６年には、北関東に販売を広げるべく、埼玉県越生《おごせ》町で工場用地を確保したが、工場の建設資金が確保できず、取材時点では更地のまま放置されている。

２０１４年には、手形が不渡りになったとされる。危機的な状況を受け、12月には、銀

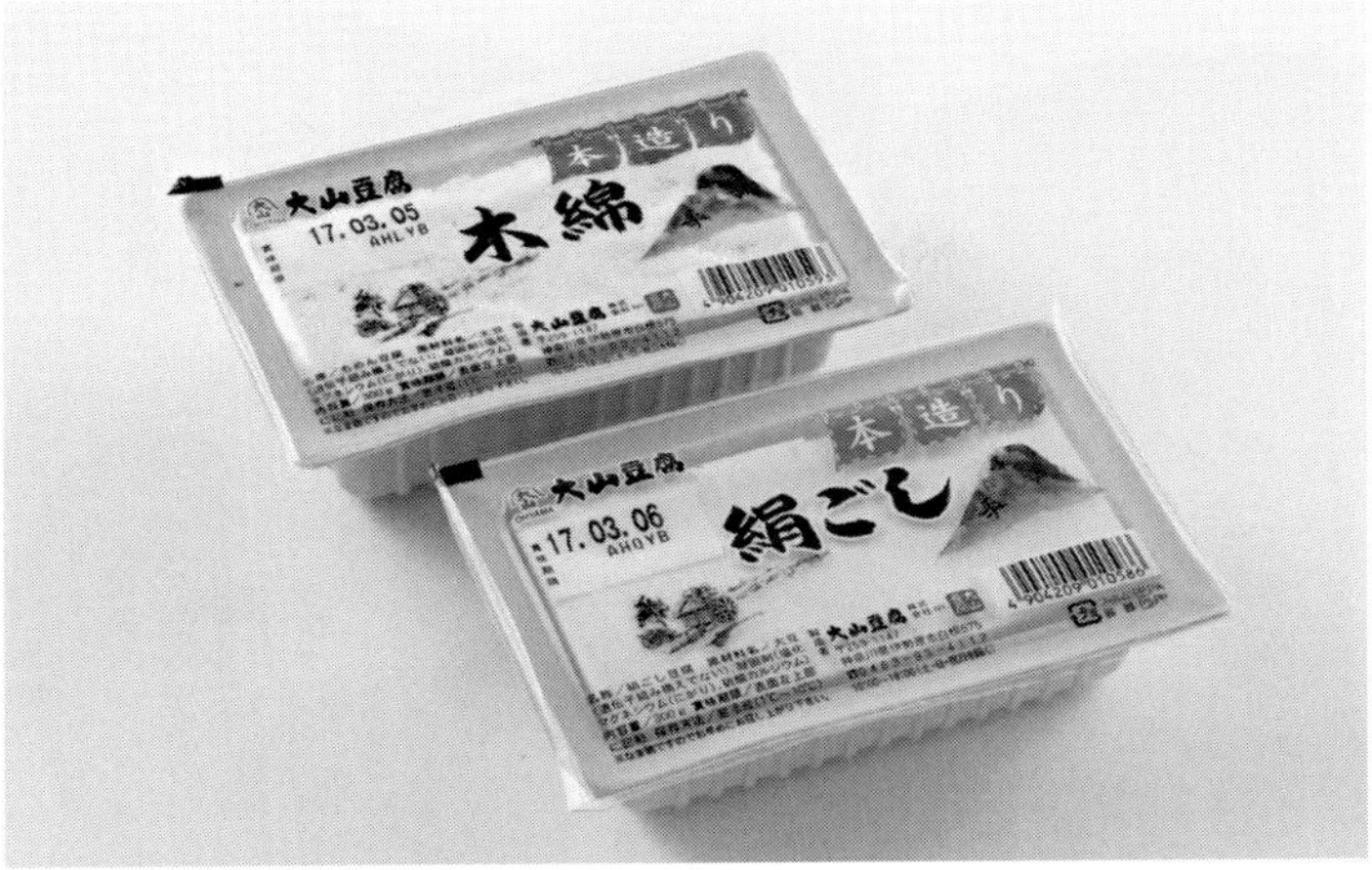

大山豆腐の製品は原材料にこだわっていたというが、スーパーでは特売品になることが多かった

行団との間で自主再建計画がほぼまとまった。利益の出ていた豆腐事業に特化し、不採算の納豆事業から撤退、土地の売却などを柱とするもので、夜まで議論して役員が永田氏を説得した。いったんは合意を見たが、翌朝に永田氏が「納豆を諦めきれない」と合意を撤回し、自主再建の最後のチャンスはご破算となってしまったという。

大山豆腐は、事業を継続したものの何度か不渡りを出し、賃金の未払いが常態化した。2016年12月には油揚げなどを製造していた富士吉田工場で賃金の未払いから従業員が出社しなくなる事態が発生。同工場はそのまま閉鎖となった。

それでも永田氏は事業を継続しようと資金繰りに飛び回り続けた。大山豆腐が民事再生を申し立てたのは、永田氏の急逝から20日後のこと。しかし、3月17日には再生の見込みが立たず、民事再生手続きの廃止が決まった。5月11日には横浜地裁から破産手続き開始決定を受けた。民事再生申し立ての時期は、やはり遅すぎた。

周囲の助けで判断に遅れ

なぜ、永田氏は積極経営を転換できなかったのか。

取引先などの話を総合すると、3つの理由がありそうだ。

1つ目は、永田氏がワンマン経営者だったことだ。生産設備の改造から資金繰りまですべてを1人で取り仕切っていたとされる。古参幹部も、大山豆腐の正確な経営状況を把握していなかったと見られる。業績低迷が長引き、永田氏に意見を言える社員が次々に辞めたことも、この傾向に拍車をかけた。「機械が分かる社員が減り、改造をした永田氏しか修理できない設備もあったようだ」(取引先)。

2つ目は地元で有力企業を経営する親族の支えがあったこと。ある取引先は「資金繰りが甘くても、親族などに助けてもらえる環境があり、永田氏は豆腐や納豆づくりの夢だけを追い続けられた。しかし、リーマン・ショック以降はこうした親族の企業も以前ほどの余裕がなくなったようだ」と話す。

3つ目として、永田氏の研究熱心さに引かれた取引先が窮地を助けたことも大きい。製品開発に没頭した永田氏は、取引先から見れば真面目で熱心な人と映った。別の取引先は「支払い期限を猶予するなど、資金繰りに協力してきた。永田氏なら苦しくても夢を捨てずに何とか立て直せるはずだと応援してきたのに」と残念がる。

こうした中で、永田氏は根本的な改革の手を打たないまま経営を続けた。これまでの状況を尋ねるべく、後任社長の百瀬氏に取材を申し入れたが、「就任したばかりで引き継ぎが忙しく、取材には応じられない」との回答だった。

豆腐や納豆は競争が厳しい上に、スーパーで特売になることも多く、利幅が薄い。安易な規模拡大に走っても資金回収が難しいことは、数々の豆腐メーカーの倒産が示す。その場しのぎの経営では生き残れない時代に入ったことを、永田氏はもっと早く認識すべきだったのかもしれない。

（2017年4月号掲載）

拡大志向を転換できなかった

破綻の要因

競合メーカーの買収、飲食店運営など拡大志向で借り入れ負担が増えた

親族企業の支援があったために、資金繰りの判断が甘くなった

事業への思いが強く、ワンマン経営のため、規模縮小の機会を逃した

売り上げが減り、赤字続きだった

大山豆腐の業績推移

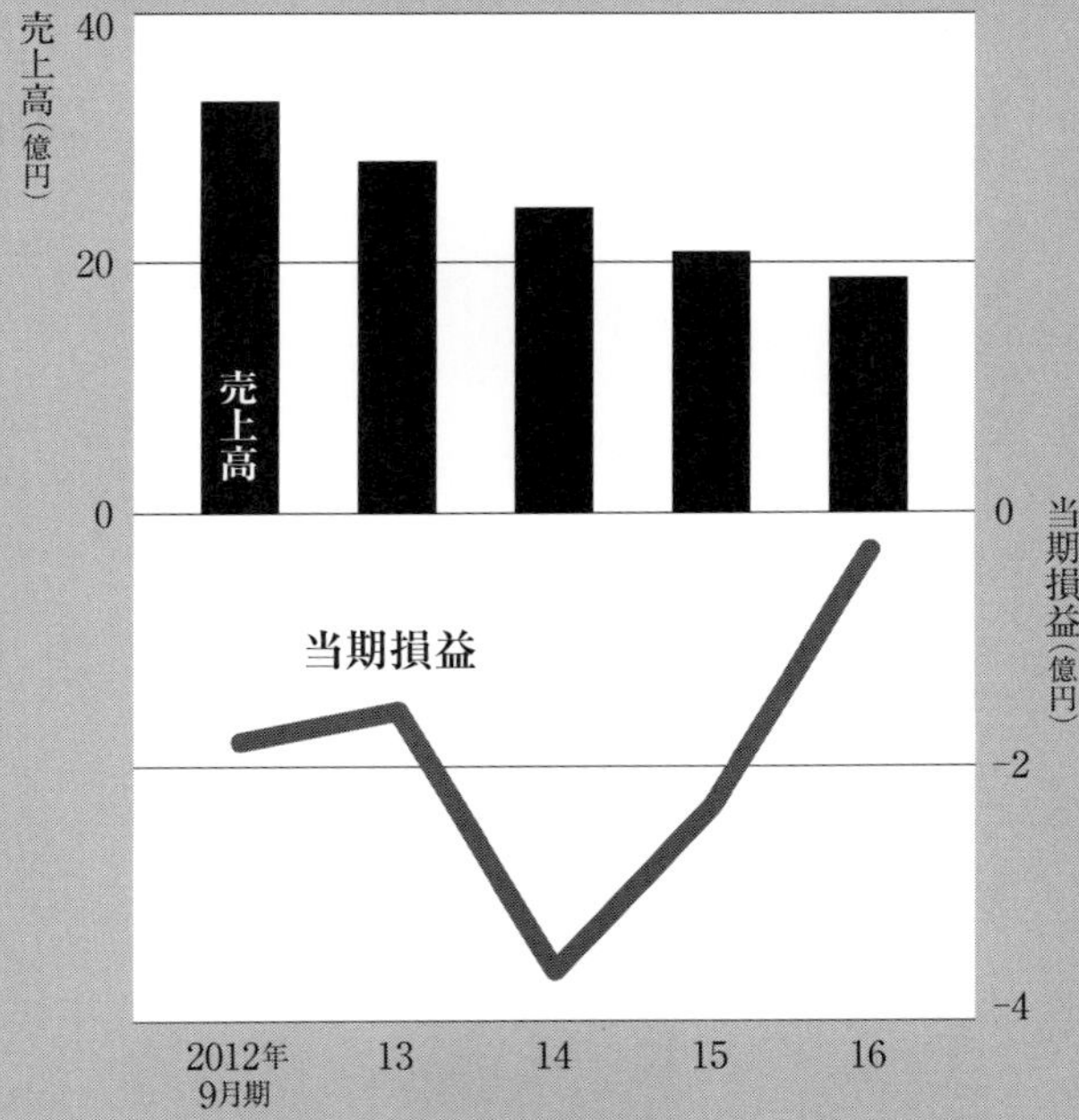

2010年に閉鎖した豆腐料理レストラン「豆腐本陣 山水亭」。取材時点でも本社横に建物が残っていた

CASE 15

イベント受注減で信用不安 対応が後手に回り万策尽きる

キッズコーポレーション［イベントの企画制作、運営］

大手広告代理店などからイベントの企画制作、運営を受注していた。2005年の「愛・地球博」で日本館を手掛けるなど、実績があった。リーマン・ショックや東日本大震災で受注が減る中、対応が後手に回った。

キッズコーポレーションの本社が入っていたビル（右から2番目の建物）

万博や展示会など、華やかなイメージが強い各種イベント。しかし、その開催規模や回数は景気の波に左右されやすい。

こうしたイベントの企画制作、運営を手掛けるキッズコーポレーション（東京・港）が2015年12月3日、東京地方裁判所に破産を申請。同日、破産手続きの開始決定を受けた。負債総額は約14億3700万円だった。

「以前から、経営が厳しいという情報はつかんでいたので、直近では取引をしていなかった」とある債権者は話す。

大手広告会社からも受注

イベントの受注方式は、大きく2つある。1つは広告代理店が主催者から仕事を受注し、企画制作や運営などを協力会社に任せる形。もう1つは、イベント運営会社が直接主催者から受注する形だ。

キッズコーポレーションは、イベントの主催者から直接受注するより、広告代理店経由のほうが多かった。広告代理店経由の受注は、全体の約8割だったようだ。取引先の中には大手広告代理店もあり、一定の信頼があった。

会社の設立は1979年だ。創業者は音楽プロデューサーで、音楽事務所でマネジャーを務めた経験などもある垣内宗助氏(仮名)。97年に部下の錦織英俊氏(仮名)に社長を譲り、会長に就いた。

キッズコーポレーションは、展示会や企業の社員総会など、幅広いイベントを手掛けながら、ノウハウを蓄積。取引先からの信頼を獲得していた。「屋内で開催するイベントに強かった」(債権者)という。2005年には愛知県で開かれた日本国際博覧会(愛・地球博)で日本館の企画制作、運営に携わるなど、大きな仕事を請け負うまでに成長した。

その後も、各種イベントを着実に受注。2009年3月期に売上高は約29億3100万円とピークに達した(帝国データバンク調べ)。

だが、事態は暗転する。2008年9月のリーマン・ショックの影響で国内景気が冷え込むと、翌年から仕事が減り始めた。各企業が広告宣伝費を絞り、イベントを中止したり、延期したりしたからだ。

リーマン・ショックは広告関連業界全体に大打撃を与えた。帝国データバンクの調査によると、広告関連企業の倒産件数は2007年の166件に対し、2008年206

件、2009年は258件と増えた。

だが、錦織社長らは、リーマン・ショックの影響は徐々に薄らぐと判断。てこ入れに踏み切る時期が遅れた。結果的に、この見通しの甘さが、それ以降の対応で後手に回るきっかけとなった。

業績の伸び悩みに、2011年3月の東日本大震災が追い打ちをかけた。広告自粛で、イベントを中止する企業が続出。震災後の2012年3月期の売上高は、ピーク時のおよそ半分の約15億4100万円に減った(東京商工リサーチ調べ)。

こうした過程で、錦織社長ら経営陣に、コスト削減を徹底する意識が働いたのか、成果主義の賃金体系にしていた従業員の給与水準が下がった。すると、これに不満を持ったと見られる一部の従業員が独立し、キッズコーポレーションの顧客から仕事を引き受けるようになった。

成果主義の賃金体系は、丁寧に運用しなければ、業績悪化に伴う給与の減り方が激しく、従業員の士気が下がりやすい。キッズコーポレーションでは、まさにそのリスクが露呈して人材が流出した。

こうした中、自治体のアンテナショップの運営を受託するなど、新規案件の獲得に奔走。再建を目指した。

取引先への支払いが遅延

それでも、業績悪化に歯止めがかからない。2015年5月頃からは、複数の取引先に対する支払いが明らかに滞り始める。金融機関に対しても、借入金の利息と元本の一部しか返済できなくなっていた。

実際、キッズコーポレーションが裁判所に提出した2015年3月期の貸借対照表で、自己資本比率は約10%。負債が多く、財務基盤が弱い様子がうかがえる。

資金繰りが逼迫《ひっぱく》する中、キッズコーポレーションは取引先への支払いの原資を何とか確保しようと、ファクタリング(債権の管理・回収)会社から売掛債権を担保にした事実上の融資を受けた。ただ、次第にファクタリング会社への支払額が増え、ますます資金繰りに窮することとなった。

財務体質が脆弱だった

キッズコーポレーションの貸借対照表（2015年3月期）

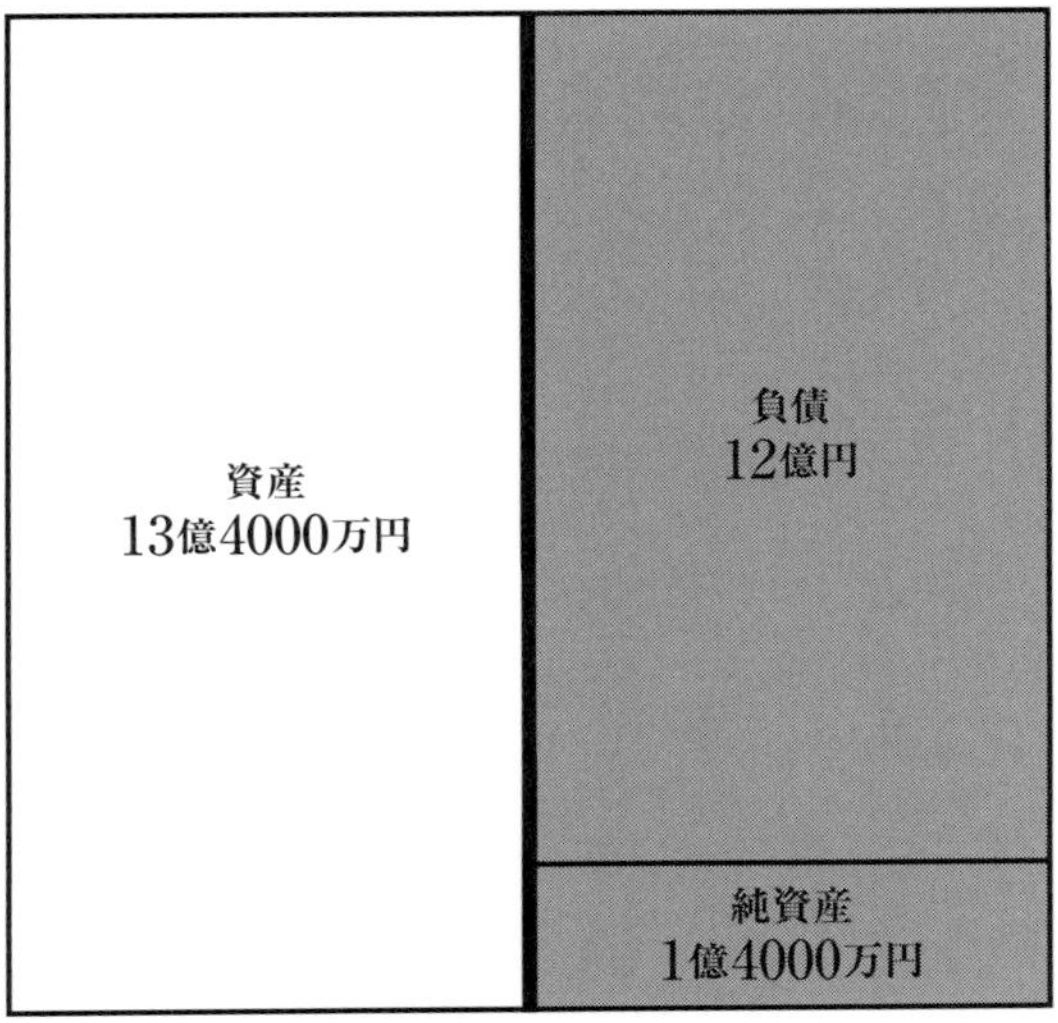

自己資本（純資産）比率が約10%で、借り入れに頼る状況に陥っていた

注：キッズコーポレーションが裁判所に提出した資料を基に作成。100万円以下を四捨五入

取引先が仕事を拒否

錦織社長は2015年10月、従業員に対して必要最小限の人数に絞って事業を立て直すと説明。家賃の支払い額を抑えるため、これまでよりスペースの狭いオフィスに移ることを模索した。

だが、この頃になると、事態はさらに悪くなる。キッズコーポレーションの経営状態が厳しいとの話が業界内に広まり、信用不安が拡大。一部の取引先からは、これまでの仕事に対する支払いの遅延が解消されない限り、新たな仕事は引き受けないと言われるまでになった。

2015年11月、最後の頼みの綱だった錦織社長の親族の知り合いからも融資が受けられないことが確定。資金繰りの目途が立たず、経営の継続を断念した。

業績が悪化してからのキッズコーポレーションの対応について、信用調査会社の担当者は、こう指摘する。「経営が苦しいことを信頼できる大口顧客などに、もっと早い段階で正直に打ち明け、売掛金の支払いを前倒ししてもらうなどすべきだったのではないか。

情報開示の遅れが、かえって信用不安を膨らませ、状況を悪くした」。

経営不振の中、新規案件を受注したり、取引先への支払い原資を確保するのにファクタリング会社を使ったりするなど、キッズコーポレーションは再建に向けた努力は懸命に続けていた。しかし、いずれも対応が後手に回り、結果が裏目に出た感がある。

早期に外部の協力を仰がなかったのは、経営者としてのプライドだったのか。垣内会長と錦織社長に弁護士を通じて取材を申し込んだが、承諾は得られなかった。

経営が安定しているうちに、景気の波に左右されない新たなビジネスモデルや収益構造をつくらなければ、ピンチへの対応はより難しくなる。今回のケースは、その事実を物語っている。

（2016年2月号掲載）

対策が後手に回った

破綻の要因

リーマン・ショック後の業況の見通しが甘く、対策を講じるのが遅れた

成果主義の賃金体系がマイナスに働き、従業員が辞めてライバルに

経営不振に関して、取引先などへの情報開示が遅く、信用不安が広がった

安定的な利益が確保できなかった

キッズコーポレーションの業績推移

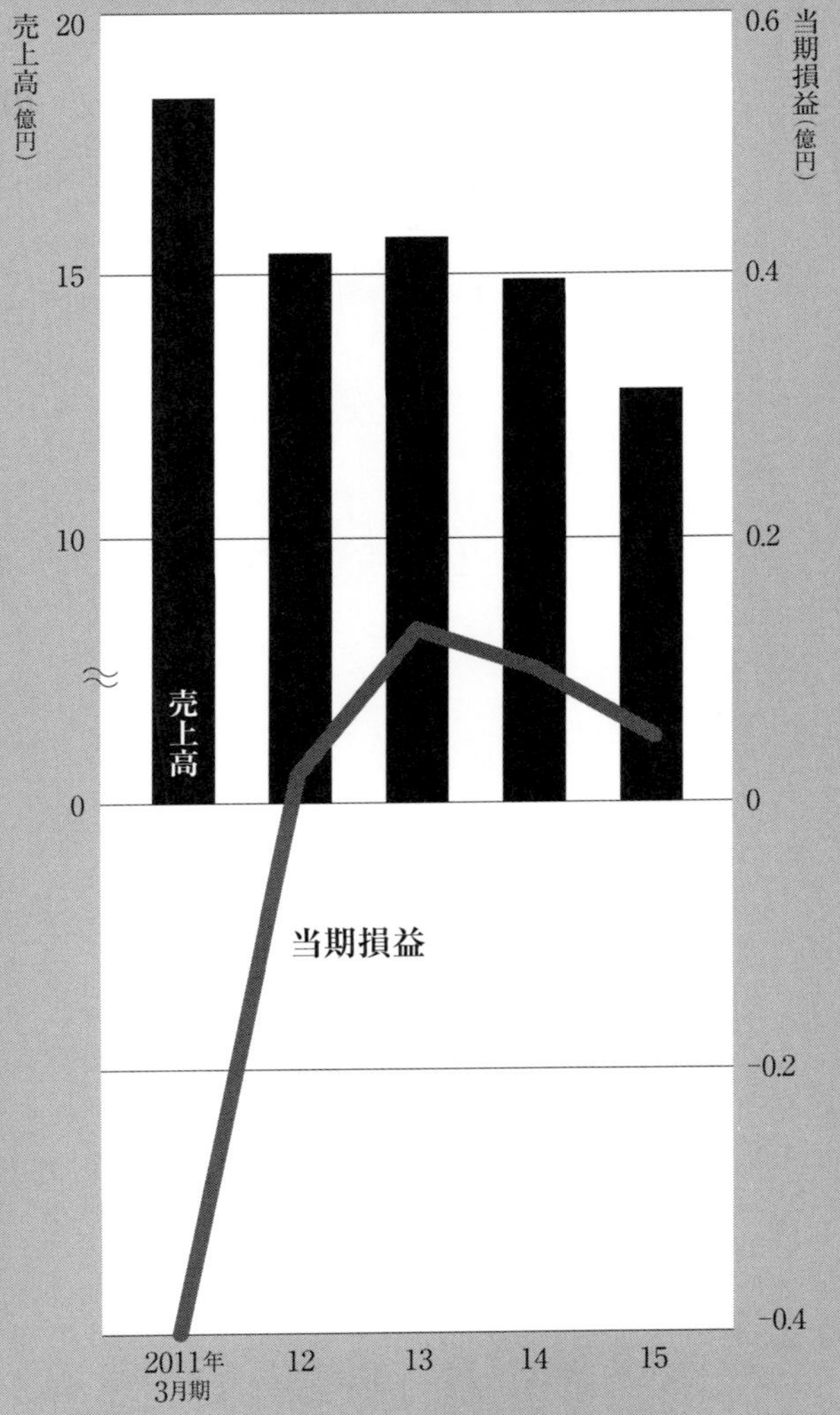

CASE 16

創業時に築いた事業モデルに依存 6分の1に縮む市場と競合に屈す

装いの道

［着物教室の運営、呉服・和装用品の販売］

装いの道の登記上本社が入るビル。着物教室の東京本校も同じ建物内にある

着物教室としてトップクラスの知名度を誇り、50年以上の実績があった。教室の講師や生徒、卒業生を増やしつつ、教材や呉服などを売る手法で伸びた。呉服市場の縮小やライバルの台頭が進む中、有効な対抗策を打ち出せなかった。

「装道礼法きもの学院」――。呉服に興味がある人なら、一度は見聞きしたことがあるかもしれない。この着物教室の運営や呉服・和装用品の販売などを手掛ける、装いの道(東京・文京、登記上は東京・千代田)が2017年4月14日、民事再生法の適用を東京地方裁判所に申請した。負債総額は約11億円だった。

「ここ1年、支払いに問題ないかどうかを何度も確認したが、『大丈夫』と繰り返すばかり。不信感が増していた」とある債権者は語る。

着物教室でトップクラス

会社の設立は1964年。呉服卸会社に勤めていた下平孝太氏(仮名)らが立ち上げた。以来、装いの道が運営する装道礼法きもの学院は拠点数を拡大し、業界での知名度はトップクラスとなる。一時は札幌から福岡まで全国8カ所の主要都市に教室を構えていた。

装いの道の強みは、着物教室事業と呉服や和装用品の物販事業を巧みに組み合わせたビジネスモデルを築き上げたことだった。

着物教室では、初心者向けの入門コースから着付けの講師などになるためのプロ養成コースまで、段階的に習熟できるプログラムを用意した。

下平氏は併せて、全日本きものコンサルタント協会を立ち上げ、「きものコンサルタント」などの資格制度を創設。着物教室でプロ養成コースなどを修了すると資格を取得できるようにした。その上で、上級資格を持つ生徒や卒業生は、自宅などで生徒を募集し、「認可きもの教室」を開いて講師になることができる仕組みを整えた。

教室の講師や生徒、卒業生らは、授業などに際し、教材や呉服、それに付随した和装用品が必要になる。そうした人たちに対して定期的に開く催事などを通して呉服類を販売。これにより、生徒や卒業生が増えれば物販事業の売り上げも増える好循環をつくり上げた。

このビジネスモデルは、バブル期頃までは有効に機能した。1993年4月期（後に決算期を12月に変更）の売上高は約68億円にまで拡大した（帝国データバンク調べ）。

下平氏は国会議員などを巻き込み、日本の着物文化を国内外に普及する活動にも尽力。「業界ではカリスマ的な存在となっていった」（前述とは別の債権者）。

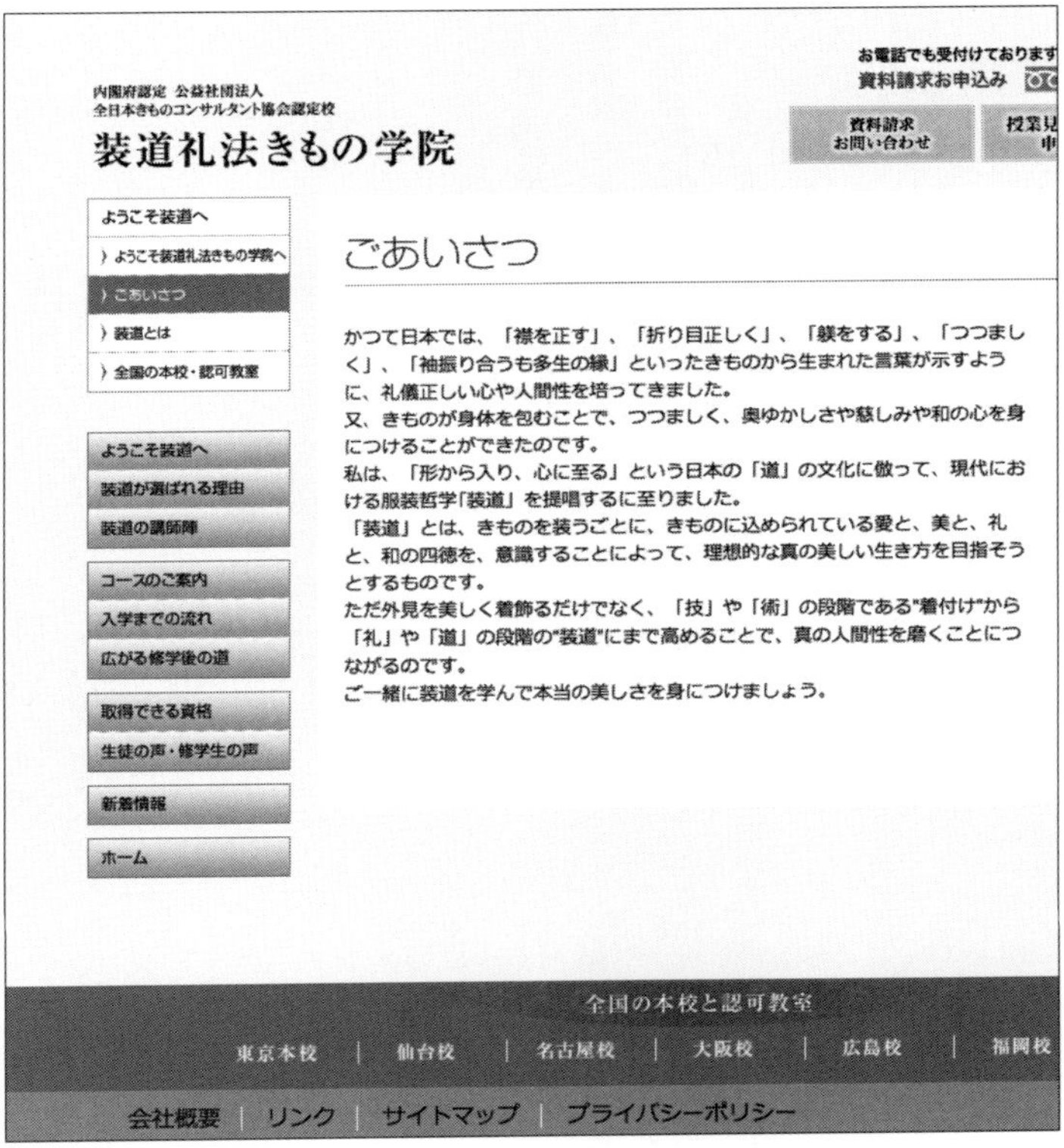

装いの道の創業者は、日本の着物文化の普及活動に尽力した。着物教室のホームページには、挨拶文が掲載されていた（2017年8月22日時点）

呉服市場の縮小に抗えず

しかし、呉服市場が縮小し続けたこともあって、業績が下がる。きものと宝飾社の調査では、呉服市場のピークはバブル前の1981年で約1兆7800億円。だが、2016年には約2900億円と約6分の1に減っている。個人消費の冷え込み、若者に加え高齢者でも進む着物離れ、婚礼の洋装化に伴う需要減などが原因とされる。

市場環境が変わる中、装いの道では、新規の生徒が徐々に集まらなくなった。頼みの綱となるはずの卒業生も、高齢化や死去などで商品の購買力を失っていく。これに対し、若年層を取り込むなど業績をV字回復させるだけの新しい事業モデルを築けなかった。「教育事業と物販事業の相乗効果で伸びる過去の成功体験に縛られた。特に伝統を重んじる下平氏の下では、遠慮から部下は斬新な提案ができなかったのではないか」と信用調査会社の担当者は見る。

そうした中、2003年頃に下平氏は長男の輝夫氏(仮名)に社長を譲って会長に退く。だが、これが結果的にはうまくいかなかった。業績を回復できない中、2011年頃にデリバティブ(金融派生商品)投資に失敗して約1億円の損失を計上。この責任を取ったのか、同年に次男の和輝氏(仮名)に社長を交代した。

新たな競合の台頭も教室事業の不振に拍車を掛けた。2010年頃から、無料着付け教室を開いて着物の拡販につなげる事業モデルを掲げた大手呉服販売会社が営業攻勢を強める。対抗上、各地の呉服専門店も格安の着付け教室と着物販売を組み合わせた販売手法を始めた。

だが、授業料を取ってきた装いの道は、有効な対抗策が打ち出せなかった。2012年12月期の売上高は、約30億円とピーク時の半分以下に減った(帝国データバンク調べ)。主力事業が落ち込む中、経費削減など「守りの経営」への転換が遅れたことも、業績悪化の一因だ。

2013年頃には資産圧縮のために本社ビルを売却したが、約5億円の評価損を計上。経営再建どころか、状況は一層厳しくなり、金融機関からの資金調達が難しくなった。

経費削減が遅きに失する

装いの道の着物教室事業は、生徒が通いやすいように駅前の一等地に場所を借りて講師を置くなど、固定費がかさむ。だが、教室の一部閉鎖や生徒の新規募集の一部停止などを本格化したのは、2014年頃からと遅かった。

催事に関する経費管理も甘かった。「東京で生徒や卒業生向けに催事を1回開くと、バブル期頃には売り上げが6億円ほどあったが、最近は1、2億円程度。しかし、装いの道は『顧客への印象が悪くなる』と判断し、会場を縮小するといった経費削減をほぼ実施しなかった」。ある債権者はこう語る。

追い打ちをかけたのが、カリスマ的な存在だった下平氏が2017年1月に他界したこと。経営危機の中で精神的な支柱を失った。この頃から、装いの道は「大手呉服店チェーンからの経営支援を模索した」(債権者)。だが、その話も結局は実現せず、経営破綻した。

民事再生の申請後も、スポンサーの確保に奔走。7月に実業家の佐々木ベジ氏の支援が決まった。

今回の件について、和輝氏に取材を依頼したところ、書面が届いた。そこには、「当社も50年という歴史の中、最大限の経営努力をしてまいりましたが、力尽き、民事再生という結果になりましたことは、誠に残念でなりません」と記されていた。ただ、「まだ民事再生の最中であり、債権者の皆様への再生計画をこれから提出する段階」と、取材には応じなかった。

呉服業界は1990年代後半頃から将来の見通しが厳しいといわれてきた。そのため、もっと早くから拠点を縮小するなど、身の丈に合った経営に舵を切るべきだった。しかも、装いの道は創業時に築いた事業モデルに依存し続け、若年層や訪日外国人の開拓など、抜本的な改革ができなかった。市場の変化をにらみ、早めに次の一手を打つ大切さを今回のケースは示している。

装いの道は現在、佐々木ベジ氏の支援の下、経営再建を続けている。

（2017年9月号掲載）

経営再建策が後手に回った

破綻の要因

過去の成功体験にとらわれ、新しい事業モデルを築けなかった

経費削減などへの着手が遅れ、資金繰り難から抜け出せなくなった

カリスマ的な存在だった創業者が亡くなり、精神的な支柱を失った

業績悪化に歯止めをかけられなかった

装いの道の業績推移

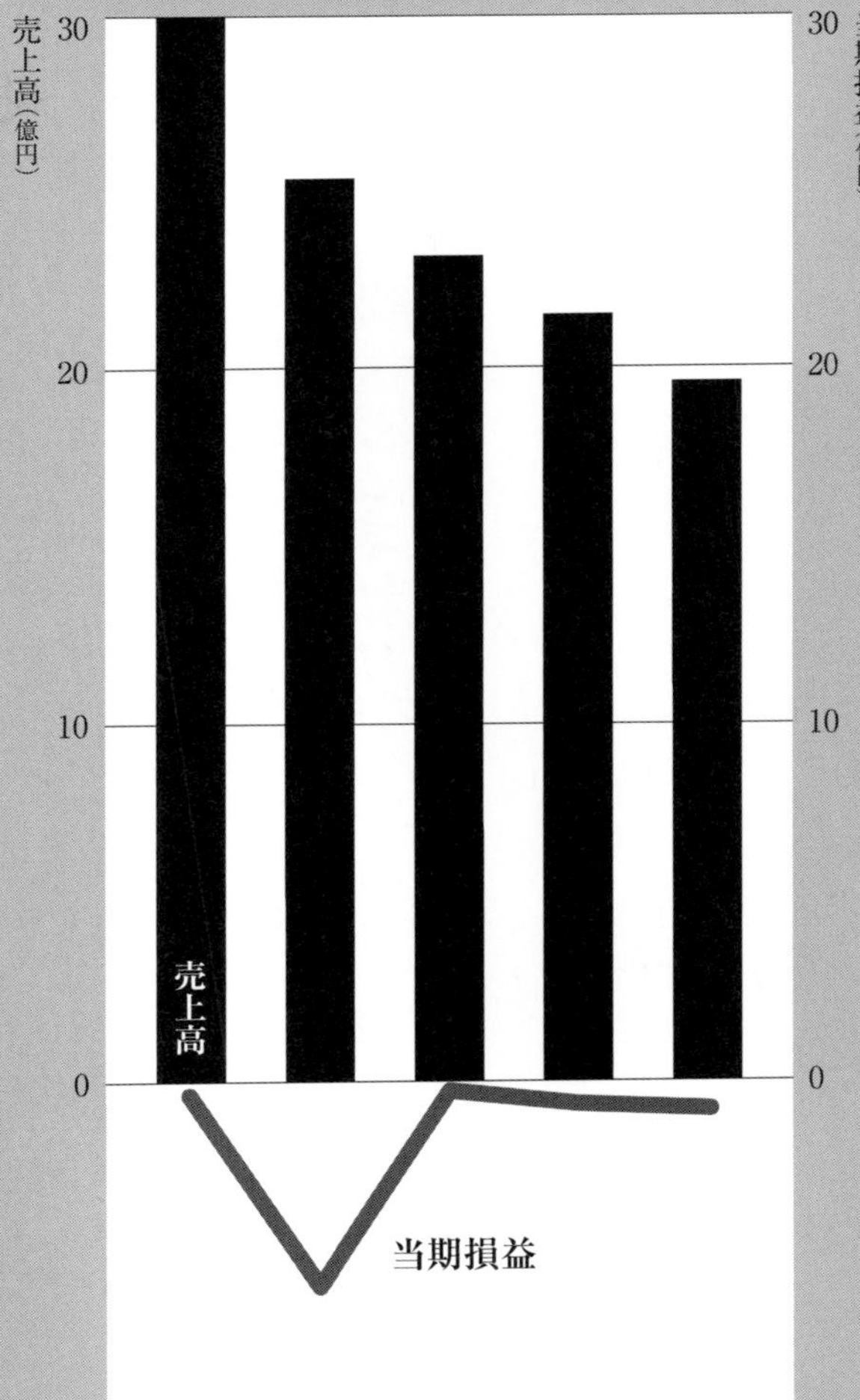

CASE 17

ドレス専業で百貨店に販路を依存 需要減と競合の台頭で出口無くす

ジュネビビアン

［女性向けフォーマルドレスの製造・販売］

東京・港にあるジュネビビアンの本社が入っていたビル

結婚式やパーティーなどで女性が着るフォーマルドレスの専業メーカーだった。名の通った百貨店の大半に販路を持ち、デザイン力で定評があった。式典のカジュアル化に伴うドレスの需要減と百貨店の衰退で、ニッチ戦略が崩れた。

百貨店の婦人服売り場には、フォーマルウエアを扱う一角がある。結婚式やパーティーなどで女性が着るドレスも、この場所に置いてあることが多い。

こうした女性向けフォーマルドレスメーカーのジュネビビアン(東京・港)が2017年8月10日、東京地方裁判所に自己破産を申請した。帝国データバンクによると、負債総額は関連会社も含めて約7億円だった。

経営が厳しかったことは、業界内で広く知られていた。2017年5月10日に事業を停止し、以降の対応を弁護士に一任していたからだ。

「破綻前に売掛債権はファクタリング会社に全額売却し、取引も徐々に縮小していたので、実害はない」(取引先)。別の取引先も「本社の入るビルで賃料が払えなくなったのか、借りているフロアの数が減り、車の台数も少なくなったので、警戒していた」と打ち明ける。

大半の有名百貨店と取引

ジュネビビアンは女性向けフォーマルドレスメーカーとして、デザイン力に定評があった。企画・デザインは自社で手掛け、製造は国内メーカーに委託。主に百貨店に店を構え「1着3万〜17万円ほどで、中心価格帯は5万円前後」(信用調査会社)で売っていた。百貨店からの信頼は厚く、国内有名店の大半と取引があった。「若々しい感性を持ったブランドで、パーティーなどで着用するドレスとしてお客からの引き合いは多かった。フォーマル専業のブランドは少なく、一定の支持があった。今回の事態を受けて代替するブランドの取り扱いを考えたいが、探すのは難しい」(百貨店関係者)。

では、消費者や取引先から評価されていたにもかかわらず、なぜ破綻に至ったのか。ジュネビビアンの設立は1986年。当時、婦人服などを扱っていたジュネという会社からフォーマルウエア担当部門が分離・独立するかたちで、2016年まで社長を務めた根木保氏(仮名)らが立ち上げた。時代はバブル期。派手な結婚式やパーティーが多く、女性のドレスに対する需要は多かった。ジュネビビアンは、その流れに乗って急成長。1990年2月期には売上高24億3100万円に拡大した(帝国データバンク調べ)。

ところがバブルがはじけた後、状況が変わる。消費不況とデフレの影響などで、結婚式をはじめとする各種式典やパーティーのカジュアル化が進んだ。それに伴ってフォーマルドレスの需要が減る。

「頻繁に買い替えていた人たちが、一着だけ持って小物やアクセサリーでアレンジしたり、必要なときだけレンタルしたりするようになった」(取引先)。

特定分野に絞って経営資源を集中投下し、その分野で主導権を取るニッチ戦略。ジュネビビアンはこの戦略で伸びたが、死角があった。本業が不振になって次第に苦境に立たされたのだ。

単一業態で伸びた牛丼店チェーンの吉野家が、BSE（牛海綿状脳症）問題で原材料の仕入れが止まり、存亡の危機に立たされたことがあった。ジュネビビアンも、これに似た陥穽《かんせい》にはまった。

「20年ほど前に比べて、百貨店のフォーマルウエア売り場全体が大幅に縮小された。競合の中には、早々に撤退したところもある」とある取引先は話す。

需要が減る中、新興勢力の台頭が追い打ちをかける。「ビームスやユナイテッドアローズといった若者に人気のセレクトショップが、品数は少ないものの、フォーマルドレスを扱うようになり、消費者の心を捉えた」(取引先)。

従来の主な競合は、フォーマルウエアメーカーだったが、式典のカジュアル化に伴い競合が増えていた。一方、ジュネビビアンは目立った対抗策を講じられなかった。

委託販売の「わな」

主な販路である百貨店の苦境もジュネビビアンを苦しめた。インターネット通販やファストファッションの台頭で、若者を中心に百貨店で服を買う習慣自体が崩れたからだ。しかも、百貨店との取引形態は基本的に委託販売だった。ジュネビビアンからすると、商品を百貨店に出荷した段階で一度売り上げは立つ。しかし、売れ残った場合、百貨店は返品できる。つまり、メーカー側が在庫リスクを負い、百貨店側は売れた分だけ代金を支払えばいいことになる。

委託販売は、商品が売れているうちは問題ない。だが、売れ残りが常態化すると、メーカーが抱える返品在庫が雪だるま式に増え、経営が圧迫される。ジュネビビアンも最後は、膨れ上がる在庫に対応しきれなくなったようだ。

編集部が入手したジュネビビアンの2017年2月期の損益計算書によると、売上高は14億2700万円。ところが、その下に「売上戻り高」という科目がある。返品処理額を意味し、その額が全体の約3割に当たる4億3600万円に上っている。それらを差

売上高の3割が返品

ジュネビビアンの損益計算書（2017年2月期）

売上高	14億2700万円
売上値引高	1700万円
売上戻り高	4億3600万円
売上高合計	9億7400万円
売上原価	4億7200万円
粗利益	5億300万円
営業損益	▲7700万円
経常損益	▲8500万円
当期損益	▲8600万円

実質売上高は
14億円から
9億円に減少

売上高の
約3割が返品

※主な項目のみ抜粋。入手した資料を基に編集部で作成。数字は100万円未満を四捨五入

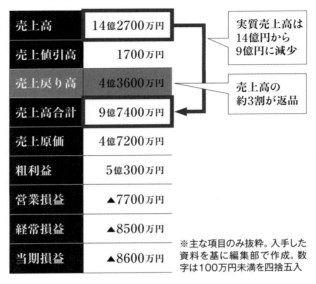

し引いた実際の売上高は9億7400万円。これはピーク時の約4割の水準で、販売不振で返品が多かったことが読み取れる。

在庫リスクが高い委託販売から脱し、早期に新しい販路を開拓しなかったことが命取りとなった。

唐突だった社長交代

本業不振に加えて想定外だったとされるのが、「(当時社長の)根木氏が本業と関係の薄い金融派生商品に手を染め、損失や違約金が計約6億円に上った」(信用調査会社)こと。この責任を取ってか、2016年に社長が根木氏から生え抜きの野尻博仁氏(仮名)に交代した。「社長交代の理由の知らせもない唐突なものだった」と、ある取引先は語る。

経営が悪化する中、ジュネビビアンは何も手を打たなかったわけではない。「標準サイズ以外のドレスを作って品ぞろえを増やしたり、新たな販路を求めて量販店などに営業したりした」(信用調査会社)。

だが、業績を劇的に回復させるには至らなかった。価格帯がネックだったようだ。「(生産委託先が国内の）ジュネビビアンは、原価を考えると、店頭売価3万円以下の商品を中核に据えるのは難しかった。しかし、3万円を切らないと総合スーパーなどの量販店ルートの開拓は厳しい」（取引先）。

中・高価格帯で事業モデルを一度確立したメーカーが、低価格戦略にシフトするのは、想像以上に難しい。仕入れ、製造工程、販路などの大部分を抜本的に見直し、コスト構造を大幅に変える必要があるからだ。ジュネビビアンにその体力は残されていなかった。

資金繰り難が深刻化し、2017年5月に事業停止した後も「スポンサー探しを含めて生き残りの道を探ったようだ」（取引先）。しかし、結局実現せず、経営破綻に至った。

経営資源に限りのある中小企業にとってニッチ戦略は定石だ。しかし、その市場自体が縮めば、経営は致命的な打撃を受ける。それを防ぐには、体力のあるうちに売り方やコスト構造を見直したり、異分野の新規事業に進出して多角化の準備をするといった対応が必要だ。実際、「競合のドレスメーカーの中にはテレビ通販などに進出した企業もある」（取引先）という。

だが、ジュネビビアンは、いずれも本腰を入れる前に本業が不振に陥り、力尽きた。

（2017年11月号掲載）

ニッチ戦略が裏目に

破綻の要因

フォーマルドレスに絞ったニッチ戦略が需要の変化に対応できなくなった

百貨店での委託販売に依存し、在庫リスクが噴出した

従来とは異なるライバルの台頭に有効な対抗策を打ち出せなかった

収益率の悪化から抜け出せず

ジュネビビアンの業績推移

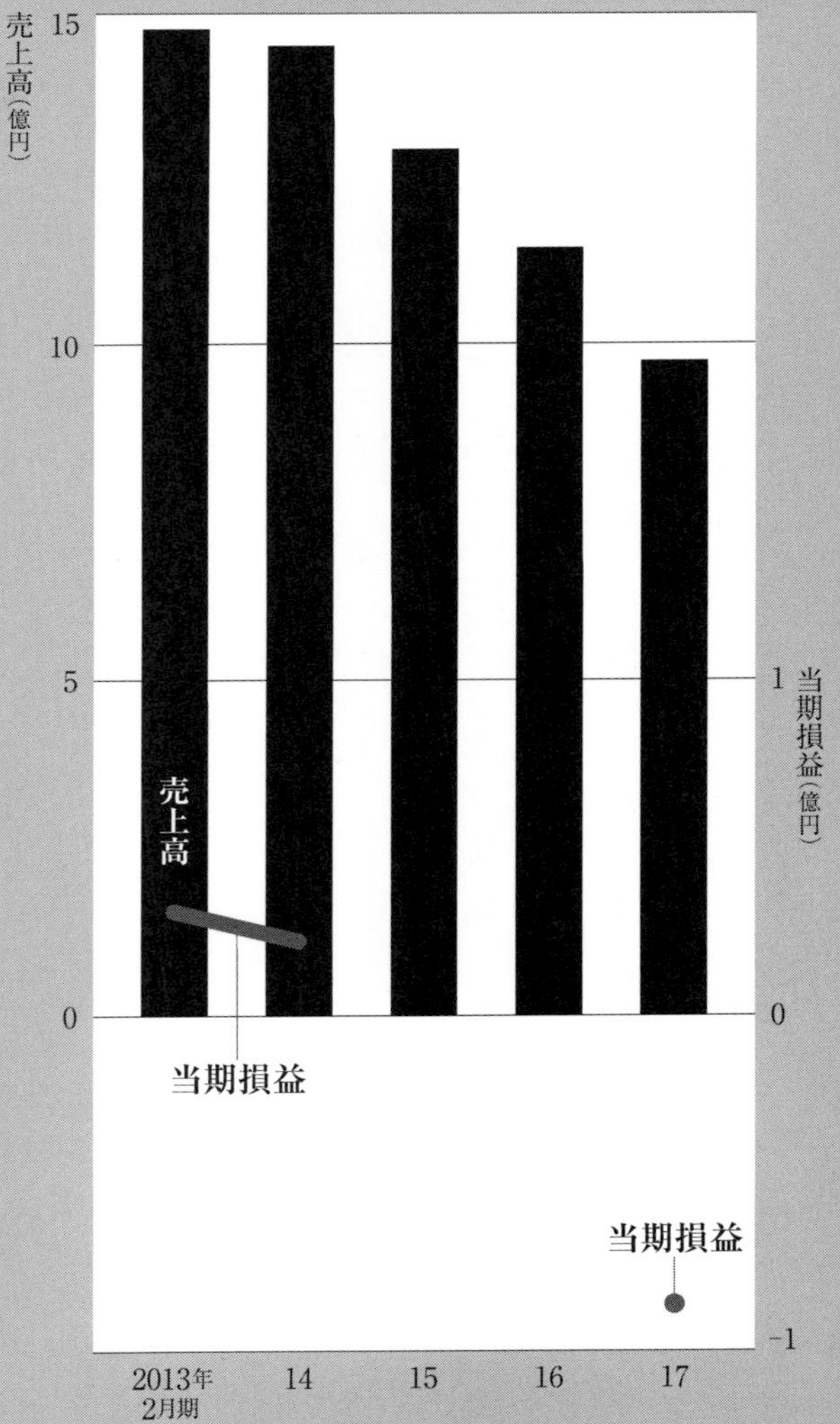

※2015年2月期と16年2月期の当期損益は不明

第3章

リスク管理の甘さはいつでも命取りになる

破綻の定石8

売れてもキャッシュが残らない

売れることと、手元に資金が残るのはまた別の話。債権が焦げ付いたり、支払いサイトが長くて回収に時間がかかったり。そんな事情に翻弄されるうちに資金がショートし、倒産に至るケースがある。資金繰りは万全か。脇が甘ければ、足元をすくわれる。

CASE 18

大型工作機械で一目置かれた会社 変化耐性が弱く、行き詰まる

ホンマ・マシナリー

［大型工作機械の製造］

大阪・淀川区の本社と工場。ほとんど人けがなかった

造船、鉄道、原子力発電向けの大型工作機械メーカー。大型機械に執着して、景気の波や天災などに大きく翻弄され続けた。再生ファンドの支援を得たものの、新興国の債権回収に失敗した。

造船や原子力発電関連で用いられる大型工作機械のメーカー、ホンマ・マシナリー（大阪市）は2017年4月27日、大阪地方裁判所に民事再生法の適用を申請した。負債総額は約37億円だった。

大阪市内と兵庫県明石市に工場を所有し、109人の社員を抱えていた同社の強みは、大型・超大型の工作機械を生産できることだ。民事再生の申立書によると主力商品の1つは、大型船舶用エンジンの15～25mのパーツをミクロン単位の精度で製造する工作機械。競合メーカーが少ないためユーザーからは重宝されたが、結果として戦略を誤り、資金繰りが行き詰まった。

景気変動に大きく翻弄される

ホンマ・マシナリーは1946年に野口達之社長（仮名）の祖父、新造氏（仮名）が本間鋳造所として創業。1957年に本間金属工業として法人化した。

工作機械進出のきっかけは、内製していた鋳物加工機械を見た取引先から機械製造を依頼されたことだったという。やがて工場を増設し、1980年代からは製鉄所の大型加工機、造船などに必要な金属部品を製造する大型工作機械のメーカーに変身を遂げた。大型工作機械は1台数億円以上。技術力を武器に、1992年4月期には、売上高のピークとなる35億1356万円を計上した。しかしバブルの崩壊とともに、顧客の設備投資意欲が減退。受注は年々減少し、借り入れは売上高の倍近くに膨れ上がったという。

1998年、窮地に陥った会社を任されたのが現社長の達之氏だ。流れは止められず受注低迷が続き、社員が次々と辞めていく。2001年4月期の売上高は17億2102万円。ピーク時から半減した。

2005年、債務超過の危機に瀕した会社を立て直すため、達之社長は大阪府内の7つの金融機関などが地域の中小企業の再生を目的につくった「おおさか中小企業再生ファンド」に支援を申請。ここで得た資金をもとに生産管理を強化し、コスト改革を進めた。やがて政府のエネルギー政策により原子炉メーカーからの受注も増え始め、2007年4月期の売上高は29億3649万円とV字回復を果たした。

2008年には社名をホンマ・マシナリーに変更。人材採用のためのイメージ一新を狙ったという。翌年には設備増強に1億円をかけ、大型工作機械の受注対応に備えるとともに、内製化による納期短縮とコスト低減を目指すことを発表した。

しかし再び試練が訪れる。リーマン・ショックだった。新規受注がゼロという事態に、3年弱分あった工作機械の受注残は1年半分に減った。2009年4月期の売上高は28億418万円。

受注が戻ったのは2010年後半だった。東芝など大手電機メーカーから原発関連の受注が増え、2011年4月期は売上高29億1882万円(東京商工リサーチ調べ)に。また「米国では温暖化ガス排出削減のため原子力発電所を30年間で120基新設する計画があり、ホンマ・マシナリーも工作機械の販売活動に注力していた」(関係者)。さらに、中国など新興国向けの工作機械でも社会基盤設備向けが伸び、2年分の受注を獲得した。

ところが、2011年に東日本大震災が発生。原子力発電関連の受注が世界的に急減した。それだけではない。2010年にピークを迎えた中国経済の減退による受注低迷も経営を悪化させた。

達之社長は金融機関に返済のリスケジュールなどを依頼し、キャッシュフローの改善に奔走。海外営業にも尽力し、2016年にはロシアの鉄鋼メーカーから約10億円分の大型工作機械を受注したようだ。しかし入金までは数年かかり、手元資金は確保できない。切迫した状況の中、中国企業やインド企業の計10億円前後の債権回収ができなくなったことが判明。資金調達の手段が尽き、法的整理の申請に至った。

大型機械に伴うリスク

破綻に至った理由は3つ挙げられる。1つは新興国リスクへの甘さだ。ホンマ・マシナリーは「中国・上海に駐在員事務所を構え、直接取引を続けてきた」（関係者）という。債権者に話を聞くと一番に挙がるのが「直接取引の利点は分かるが、商社を入れるなどのリスク回避はできなかったのか」という声だ。新興国での貿易に詳しい専門家も「商社や現地販売店を介せば、彼らが販売先から代金を集金するためリスクヘッジになる」と語る。

2つ目に挙げられるのは、特定業界への依存というリスクだ。ホンマ・マシナリーは原子力発電関連への依存度を高め、それによっていったんは業績回復を果たした。ただ、特定業界に依存することは、予期せぬ環境変化でマーケットが縮小した場合、大きなリスクと隣り合わせであるということを認識しておかねばならない。

3つ目は受注の波の大きさだ。景気変動に翻弄され、手元資金は常に不安定なままだった。特定業界への依存とも関連するが、大型の工作機械に注力した結果、「ホンマ・マシナリーは受注があるときにはかなり立て込んでいたが、仕事がないときには全くない。そのアップダウンが激しかった」(30年来の取引先の社長)。

では、大型工作機械のほかに事業の柱を据えることはできなかったのか。

「約15年前、社長の発案で小型の工作機械を開発した。しかし幹部は見向きもしなかった。ようやく数年前にカタログを刷新し、販売に力を入れ始めたようだ」(関係者)

当時の幹部の真意は分からない。しかし、もし15年前に幹部を強く説得し、苦労してでも販路を開拓していれば受注の平準化と売り上げの底上げを実現できていたかもしれない。会社を守るため、時にトップは社員の反対を押し切る強さも必要だ。

本誌は申立代理人の弁護士に、倒産に至る経緯の確認や達之社長へのインタビューを申し込んだが応諾は得られなかった。

どれだけ高い技術力を持っていても環境変化への耐性がなければ容易に会社は傾く。ホンマ・マシナリーの再建が成功するかどうかも、そこにかかっているだろう。

ホンマ・マシナリーは、2017年10月2日、日精樹脂工業に事業を譲渡し、日精ホンママシナリーとして経営を続けている。

(2017年8月号掲載)

大型の工作機械で知られていた

ホンマ・マシナリーの破綻の経緯

1991年	売上高のピーク（92年4月期／35億1356万円）
2000年	売上高がピーク時の約半分に減少（01年4月期／17億2102万円）
05年	おおさか中小企業再生ファンドの支援で経営再建に着手
06年	原発向けの販売強化により売上高が29億円に回復（07年4月期／29億3649万円）
08年	リーマン・ショックで受注が低減
11年	東日本大震災以降、原発関連の受注が大幅減
16年	ロシアの国営鉄鋼メーカーから約10億円の受注か
17年	新興国の債権が回収困難になり破綻

ホンマ・マシナリーのウェブサイトには工作機械の写真が並ぶ

景気変動で売り上げが上下

破綻の要因

中国、インド企業からの債権が回収困難になり、資金繰りが悪化した

原子力発電など特定業界への依存が高かった

スポット的な大型案件の発注頼みで、小型案件の受注が苦手だった

収益性が低く、資金繰りが厳しかった

ホンマ・マシナリーの業績推移

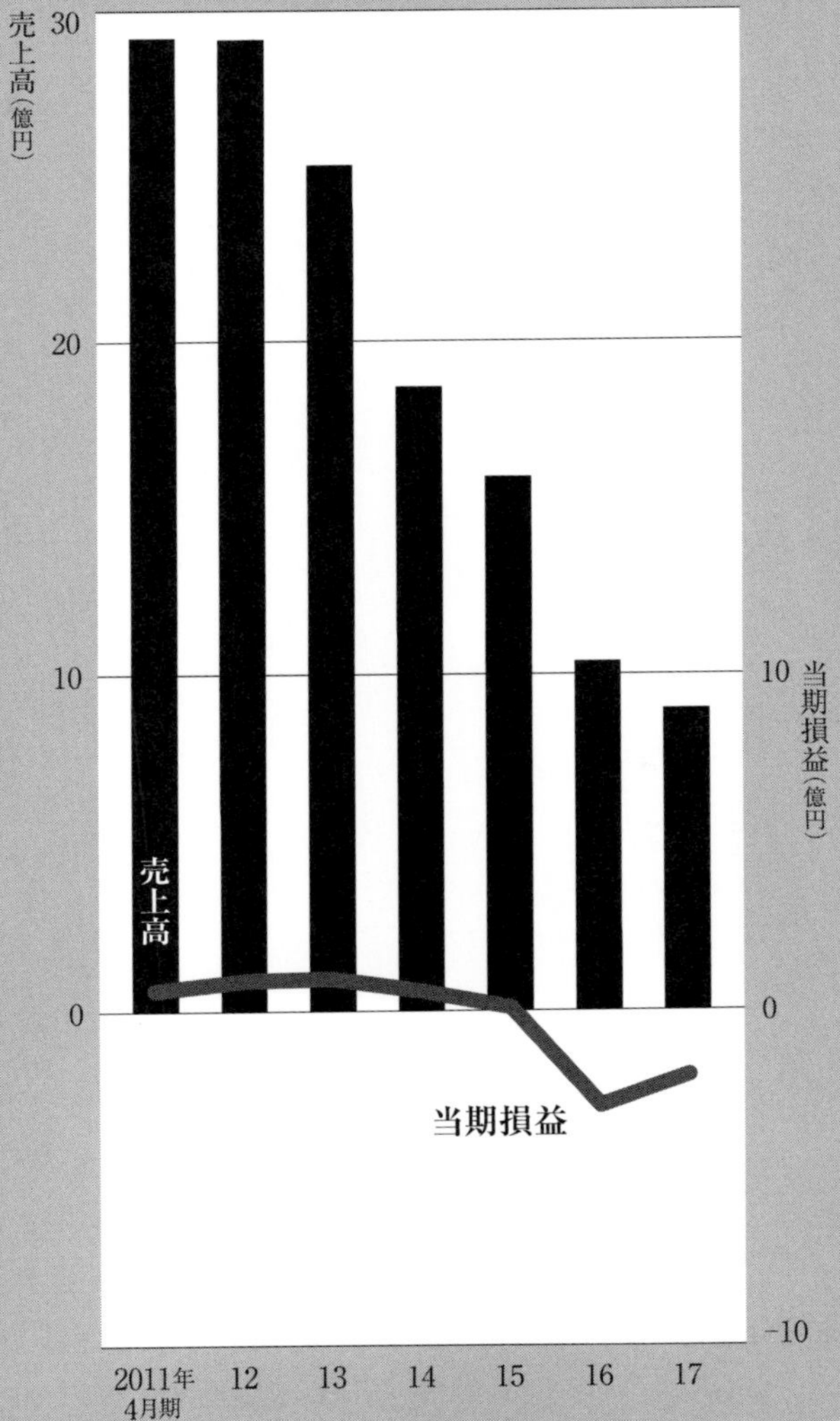

CASE 19

抜け出せなかった粉飾の“泥沼”リストラや事実公表で信用不安

美巧《みこう》

［財布など袋物の製造販売］

香港やベトナムの工場で委託製造したブランドものの財布や袋物を輸入して販売。売り上げが伸び悩む中、融資を受け続けるために粉飾決算に手を染める。本社売却・従業員削減などのリストラや粉飾の事実公表も奏功しなかった。

美巧が賃借していたテナントの入り口には、立ち入りや持ち出しを禁じる告示が張られていた

若い女性に人気のブランド、「サマンサタバサ」。その財布などをOEM（相手先ブランドによる生産）していたのが、美巧（東京・中央）だ。同社は、2015年7月28日に全従業員を解雇して事業を停止し、翌29日に東京地方裁判所から破産手続きの開始決定を受けた。

美巧は、1969年に羽田雄一朗氏（仮名）が東京都台東区で設立。当初は財布などの製造のみを行っていたが、バブル景気の崩壊後は、経営の安定化を図るため、問屋として百貨店や専門店への卸売り販売も手掛けるようになった。

同社のホームページには、「ノーマン・ロックウェル」や「ジャンニ・ヴァレンチノ」といった、取り扱っている10ほどの海外ブランドが載っている。そのほかOEM生産も手掛け、中でもサマンサタバサは、約22億円（2014年6月期）の売上高の半分以上を占める中核商品だった。

生産は約30年前から海外に移行済み。中国の深圳をはじめ、香港やベトナムなどの協力工場に生産を委託し、製品を輸入して販売する方法をとっていた。イタリアに事務所を開設していたこともある。

国内では、2000年に東京都中央区に自社ビルを購入し本社を移転。東京商工リサーチの調べでは、ピーク時の売上高は2007年で30億円を超えていた。

1回だけのつもりが……

しかし、その後のデフレ経済の下で、売り上げは伸びなくなった。美巧のビジネスモデルでは、まず仕入れ代金の支払いが発生する。一方、売り上げ代金の回収までには時間がかかる。売り上げが伸び悩むと、仕入れ代金に充てるための運転資金の負担が重くなる。

美巧はこれを金融機関からの融資で賄っていた。そのため、「赤字の決算書では融資が受けられなくなる。そうなると商品の製造もできず売り上げも上げられない。倒産するかもしれない」(羽田社長の陳述書)との恐怖感が、芽生えたという。

そこで、本来経常赤字に陥っているはずの決算書を、経常利益を出しているように粉飾した。羽田社長は、次の期には収支を改善して粉飾を解消しようと商品を増産したが、思惑通りには売れず、大量の値下げ販売を余儀なくされた。結局その期も、放っておけば経常損失を計上することになるため、再び粉飾決算に手を染めたという。

その後も羽田社長は業績を回復させようと試みたが、なかなかうまくいかず、粉飾決算を重ねるという悪循環に陥った。特に最近は、円安の影響により仕入れ代金がかさんで収益がさらに悪化、毎期、本来なら経常損失を出しているところを、経常利益を上げているように粉飾していた。

例えば、2013年6月期の損益計算書によれば、経常利益が約8000万円、純利益が1400万円でいずれも黒字。しかし実際には経常赤字だったので、特別損失に計上している為替差損の額が正しいとすれば、純損益は少なくとも6600万円の赤字になる。

積もり積もった粉飾は、破産申し立てに伴い多額の債務超過として姿を現した。2014年6月期の貸借対照表によれば、美巧には13億6000万円あまりの純資産があることになっている。だが、破産申し立てに際して作成された清算貸借対照表では、20億円近い債務超過となった。

業績が伸び悩み資金の流出が続く中、羽田社長はリストラに着手した。2014年秋に有利子負債の削減を目的に本社ビルを売却、同じ中央区内のテナントビルに本社を移したのだ。また2015年3月には希望退職の実施や給与・役員報酬の一部カットなどを実施、月に500万円ほど人件費を削減した。

これにより収支均衡の目途は立ったが、それでも残る負債の元利金を支払い続ければ、近く資金が尽きることが予想された。2015年6月期決算を控え、追い詰められた羽田社長は、これ以上粉飾を重ねることはできないと判断、金融機関に粉飾の事実を報告する一方で、元金の返済猶予を依頼した。任意整理による再建を目指そうとしたわけだ。

現金仕入れを求められる

しかし、返済条件変更に応じてくれたのは数えるほど。積極的に再生に手を貸してくれる金融機関はなかったようだ。羽田社長は東京都再生支援協議会にも相談に行ったが、粉飾の内容が不明であることを理由に、決算後に相談に来るように言われたという。

一方で、一連のリストラは取引先の間に信用不安を生んだ。大口仕入れ先をはじめ、手形による支払いから現金払いへの変更を求める取引先が相次いだのだ。海外の協力工場からも、商品の出荷前に代金を送金するよう通告された。

追い打ちをかけるように、大口販売先のサマンサタバサを担当していた中核の社員が退職を申し出てきた。羽田社長らは慰留に努めたが、辞意を撤回させることはできなかった。そしてその後も、退職を申し出る社員が相次いだ。

こうした事態に直面した羽田社長は、ついに事業を停止し、法的整理を選択することを決意した。なお本誌は、破産申し立ての代理人を務めた弁護士の事務所に取材を申し込んだが、「債権者・関係者以外の問い合わせには応じられない」と断られた。

粉飾という「身から出たサビ」をきっかけに、破綻に追い込まれた美巧。一度粉飾に手を染めると、なかなかその〝泥沼〟から抜け出せないことを、反面教師として教えてくれている。

一方で、この事例を通して中小企業の再建スキームの問題点を指摘する声もある。東京商工リサーチ情報部の担当者は、「最近、再生支援協議会を活用して事業を再生しようとしたがスムーズにいかず、倒産する例が目につき始めた。数十億円を売り上げ、雇用の面でも貢献している中小企業をサポートできるよう、事業再生のハードルを下げるべきではないか」と指摘している。

（2015年10月号掲載）

資金繰りが悪化しやすい脆さが突かれる

破綻の要因

運転資金の負担が重いビジネスモデルだった

金融機関から融資を受けられなくなるのを恐れ、粉飾決算に手を染めた

リストラや粉飾の公表で、信用不安を招く結果となった

赤字なのに粉飾で黒字に見せかけ

美巧の業績推移（修正前の数字）

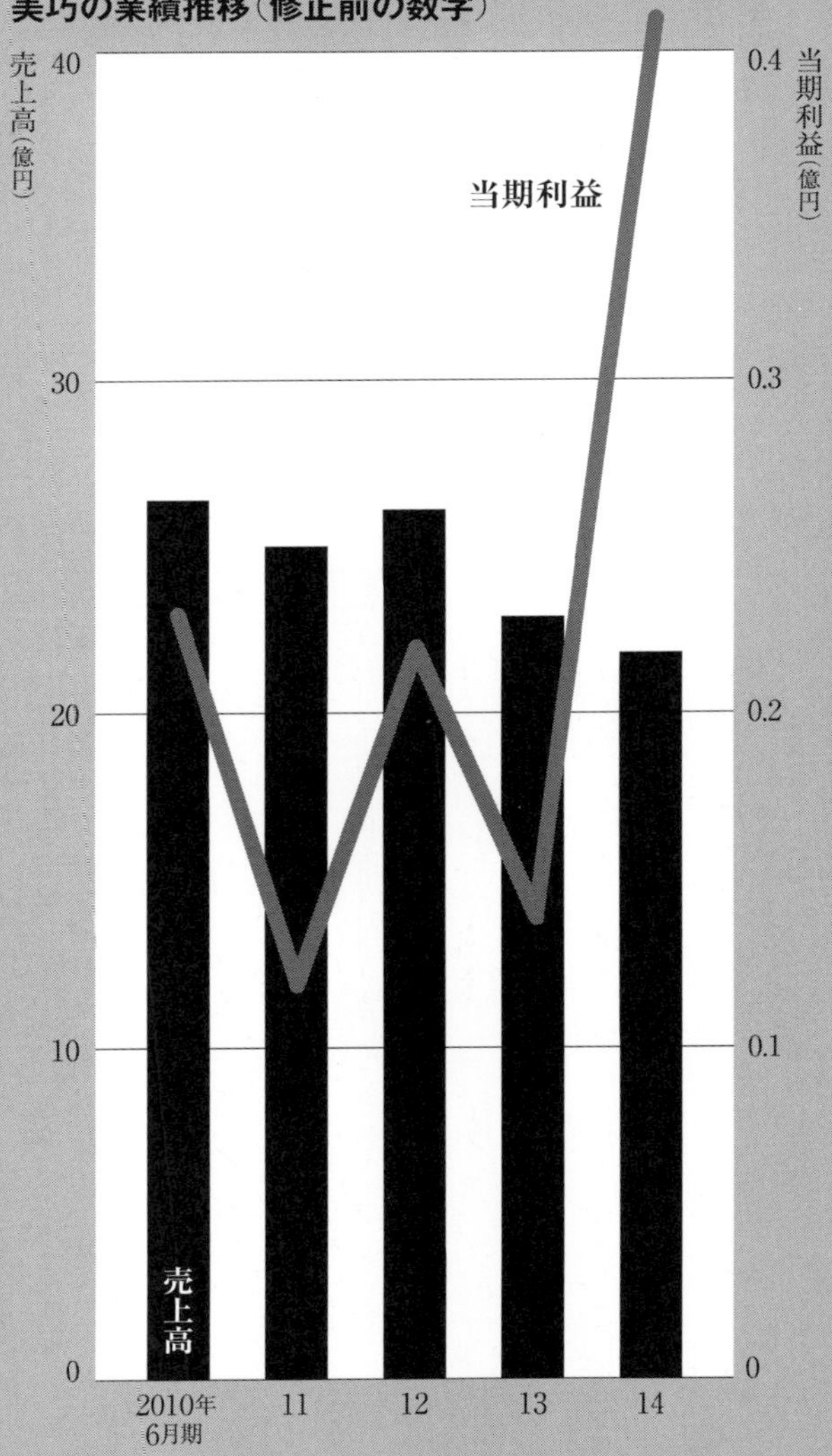

破綻の定石9

1社依存の恐ろしさ

相場格言として有名な「卵を一つのカゴに盛るな」。企業経営にも通じるリスク管理の鉄則だ。

顧客1社から大きな売り上げが得られればラク。しかも誰もが知る大企業ならば安泰。と思ったら、危うい。たった1社に翻弄された末に破綻した企業は多い。

CASE 20

下請け体質から抜け出せず取引先の方針転換で受注急減

イイダ

［精密板金、機械組み立て］

イイダ本社。2010年には隣接する本社工場を売却していた

複写機大手の1次下請けとしてユニット組み立てなどを受注し、成長を続けた。ところが、発注元の海外シフトや生産体制見直しで受注が急減。次の柱を育てられず、資金繰りが続かなくなった。

2012年10月26日、板金や機械組み立てを手掛けるイイダ(東京・大田)は東京地方裁判所から破産手続きの開始決定を受けた。負債総額は約45億円に上った。「工場の閉鎖や本社売却の話を聞いて経営が厳しいことは知っていたが、倒産の報に驚いた」と、ある取引先は振り返る。

イイダの社員もぎりぎりまで状況を知らされていなかったようだ。破産の当日にイイダから翌月分の仕事を受注していた会社もあったという。

複写機大手の1次外注先として成長

イイダは、日野雄吾社長(仮名)の父が1956年に飯田製作所として創業。板金と電気機器の組み立てから始め、複写機大手の1次外注先となったことを契機に成長を加速させた。1966年には川崎工場が稼働し、1972年には本社工場を増改築した。オイルショックで業績が一時低迷するが、1980年代には再び成長軌道に乗り、工場の改修や新設を進めた。

雄吾氏が父から社長を継いだ1990年代に入っても複写機大手との活発な取引が続

いた。このため、イイダの売上高の大半は、複写機大手からの受注が占めていた。1994年、イイダと同じユニット組み立てを手掛けていた会社の経営が傾くと、複写機大手の仲介で仙台工場、裾野工場、岡崎工場の営業譲渡を引き受けた。それだけ複写機大手からの信頼は厚かった。イイダは1995年に子会社のイイダテクニカ（東京・大田）を設立して3工場をその傘下に置いた。

この頃から、イイダが複写機大手から受注する仕事はユニット組み立てが大きな割合を占めるようになっていった。それに合わせて細かな部品を製造する2次外注先を取りまとめることも増えていた。

2000年には、本社近くに物流拠点を開設。2次外注先に板金加工を依頼したパーツをこの拠点に集約し、イイダグループの各工場に送ってユニットを組み立てるという形がさらに増加した。こうして、複写機向けユニットの組み立てを軸に最盛期の2001年3月期には売上高165億円（帝国データバンク調べ）を確保した。

ところがリーマン・ショックを境に状況が大きく変化した。売り上げの大半を占める複写機大手からの仕事が急減し、その影響がイイダを直撃した。

リーマン・ショック後、業績が急下降

欧州危機や円高などの影響を受け、複写機大手は「筋肉質の経営体質」を実現するために、国内拠点の統合集約を進めた。こうした中で、東北地方の製造拠点では社外に発注していたユニットについても、社内に組み立てラインを設けて内製化を進めた。

イイダのある取引先は「複写機大手が生産体制の見直しを目指す中で、外注先に求める内容が変わった」と指摘する。

リーマン・ショックの前までは複写機大手からは、2次外注先をまとめるイイダのような1次外注先が重宝されていた。しかし、生産見直しの中で「組み立てだけなら、今ではどこでも対応できる。複写機大手は単なる組み立てをコスト増の要因と考えるようになった。複写機大手の担当者からは、イイダに新たな付加価値をつくるように要望していると聞いた。イイダはそれに十分応えられなかったのではないか」(同)。

海外シフトへの対応も遅れた。リーマン・ショック以前から、複写機大手は既に製造の海外移転を進めていた。2012年3月期末の時点では海外生産比率は6割に達して

いた。イイダは国内工場で複写機向けのユニット組み立てに注力するうち、この変化を見極め切れなかった面がある。

一方で、1社依存がリスクを伴うことについては、イイダも早くから気付いていた。複写機大手以外の仕事を拡大するため、イイダは自らも海外進出を決断。96年には、フィリピンにコンピューター大手のパソコン向け部品を組み立てる子会社を設立していた。

2002年には同じメーカーのパソコン部品組み立てを引き受けるために香港に子会社を設立し、その工場を広東省の深圳で稼働させた。

ところが、業界構造の変化の中でイイダの戦略に誤算が生じる。2004年12月、フィリピンと中国でパソコン用部品の組み立てを受注していたメーカーがパソコン事業を中国資本に売却した。発注元が中国資本となってからは、パソコン事業の収益性を向上するために部品に対するコスト要請が従来より厳しくなった。このため、リーマン・ショックによって複写機関連の売り上げが下落したときに、その減少分をカバーすることはできなかった。

人員削減や本社売却を進めたが破産

複写機大手からの受注の急減を受けて、イイダは子会社の仙台工場などに組み立ての仕事を集約した上で、２００８～10年にかけて本社の派遣社員を１２０人から10人にまで絞り込むリストラを断行した。さらに、２０１０年12月には組み立てや部品の集積場として使っていた本社工場を売却した。

それでも、売上高の落ち込みは止まらなかった。ここ数年は毎年約30億円ずつ売上高が落ち込み、２０１０年３月期以降は経常赤字となった。２０１２年３月期の売上高は31億円まで減少していた。

こうした中で日野社長は、工場の閉鎖や海外子会社の整理などを盛り込んだ事業再生計画を策定し、複写機大手に再生支援を申し入れた。しかし、最終的に受け入れられず、２０１２年10月の支払いができなくなった。イイダは10月25日に取締役会を開き、破産申し立てを決めた。

日野社長には弁護士を通じて取材を依頼したが「取材には応じられない」との回答だっ

た。

ものづくり企業の経営環境は厳しくなる一方で、取引先の方針転換や景気の急速な落ち込みなど、予期しにくいリスクに直面する場面が増えている。こうしたときこそ、経営者の力量が問われる。

リスクの影響を見極め、必要ならば今までの仕事のやり方を機動的に改める。経営者には、こうした変化に対応するスピード感が一段と重要になる。イイダの破産はこのことを示している。

（2013年2月号掲載）

複写機大手に依存していた

破綻の要因

複写機大手の海外シフトで受注が急減

複写機大手の生産見直しで、新たな付加価値を提案できなかった

第2の柱にすべき事業が十分に育たなかった

2008年以降に売上高が急減

イイダの業績推移

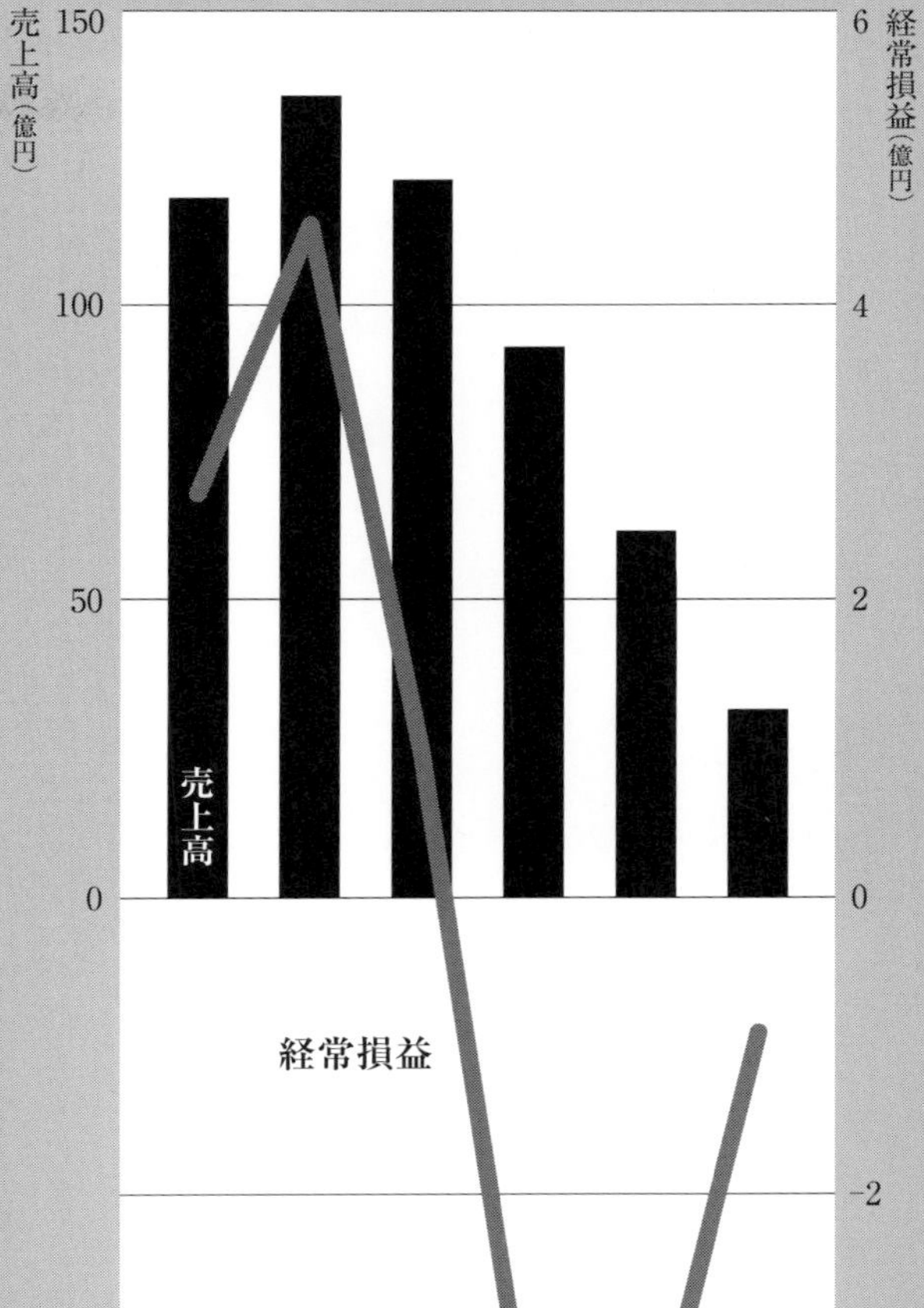

CASE 21

赤字の菓子メーカーを継いだ娘婿 OEMの拡大で再建目指すが失敗

アルベリ
［和洋菓子の製造・販売］

90年以上の歴史を持つ老舗の菓子メーカー。赤字続きの会社を継いだ娘婿社長は、試行錯誤の末にOEMの受注を拡大した。しかし、大口の需要に対応し切れず売り上げが激減。新規開拓するも追い付かず、力尽きた。

横浜市内にあるアルベリの本社兼工場

「今の工場設備では生産が追い付きません。発注数を減らしてもらえませんか」──。苦渋の申し出が、破産のきっかけとなった。

2017年7月12日、菓子メーカーのアルベリ（横浜市）は、横浜地方裁判所から破産手続き開始の決定を受けた。負債総額は約13億円だった。

アルベリは1923年に「全機庵《ぜんきあん》」の屋号で創業。曹洞宗の大本山である總持寺《そうじじ》御用達の和菓子店として繁盛していた。

1951年、現社長である藤本幸男氏（仮名）の義父が全機庵製菓として法人化。工場と店舗を構え、洋菓子の製造・販売にも乗り出した。菓子作りの腕を武器にホテルなどからOEM（相手先ブランドによる生産）を受注するなど順調に業績を伸ばした。

1991年には業務内容が近いアルベリ服部製パンを吸収合併し、社名をアルベリに変更。同年9月期にはピークとなる26億2100万円を売り上げた。本社近くの住民は当時をこう振り返る。

「アルベリの看板商品は『赤いくつの詩《うた》』というサブレ。横浜土産として人気だった。また、当時の横浜でケーキ店といえば、不二家かアルベリ。記念日にはアルベリのケーキを食べるのが恒例で、幼い頃からの思い出の味だった」

新事業で投資を拡大

バブル期には菓子の好調を受けて新規事業に乗り出した。ステーキハウスを開店したほか、台湾にも出店。投資拡大に伴い、1992年には10億円を超える負債を抱えた。しかし借り入れを増やしたタイミングで、バブルが崩壊。その影響をもろに受けた。不動産売却などで立て直しを図ったものの、低迷が続いた。1998年9月期以降、売上高はピーク時の半分以下となる10億円を割り込む状況となった。

2004年に現社長の藤本氏が就任。売り上げ拡大による再建を果たすべく、直営店やフランチャイズチェーン(FC)店を急速に増やした。

この判断が経営の分かれ道となった。OEMの売り上げに比べ直営店やFC店の利益率は高いと見て、神奈川県内に10以上の店舗を開いたが目論見は外れ、赤字店舗が続出したという。

「アルベリが直営店を構えたのは賃料の安い土地で、立地条件が悪く客足は伸び悩んだ」(関係者)。また、かつての好調時に比べ、菓子店やコンビニエンスストアなどの競合が増加していたため、思うように売り上げが立たなかった。

勝負をかけた多額の投資が空振りに終わり、アルベリは消極策しかとれなくなった。不採算店を閉め、残ったのは工場前の店と横浜市東部にある鶴見駅付近の1店だけ。日銭を稼いで運転資金に回す状況となり、店やオンラインショップではケーキや焼き菓子を破格の値段で提供した。2011年9月期の売上高は4億9900万円に落ち込み、4900万円の最終損益となった。仕入れ先への支払いは、5～10日ほど遅れるようになっていたようだ。

大幅な債務超過に転落し、人員削減などのリストラ策を進めたものの状況は改善しなかった。

受注の4割を1社に依存

ほかに打ち手がなくなった藤本社長は、方針を翻し、利幅が薄いはずのOEM受注に奔走。技術力を強みに、菓子メーカーやホテルなどからの製造委託を獲得した。

その結果、2012年頃から大手菓子メーカーA社より毎月2500万円分を受注。

２０１２年9月期は売上高が前年比22％増の6億１０００万円に回復した。ただ、Ａ社の受注が急増したため、それ以外の受注を断るようになる。２０１５年には売上高の40％をＡ社が占め、同社への依存度は高まった。実は、この頃から仕入れ先への支払いが約１カ月遅れとなったという。なぜか。

Ａ社がアルベリに製造委託したのは、手作業が多く手間のかかる菓子だった。機械化できないため増産するには臨時社員を雇用しなければならなかった。採算性の低い商品の発注が増えたため、受注量は増えたが製造コストがかさみ、利益が減った。

２０１５年9月、アルベリの設備ではＡ社からの受注増加に対応できなくなった。工場を増設する資金もない。藤本社長は仕方なく、受注を減らしたいとＡ社に申し出た。ところがこの行動が仇となった。同年12月、アルベリの生産能力を不安視したＡ社が発注の大半を打ち切ったのだ。

売り上げの半分近くを失い、２０１６年9月期の売上高は2億７０００万円に激減。臨時社員を70人近く減らし、倉庫機能を本社工場へ集約するなど経費削減に努めた。新たに大手菓子メーカーＢ社との取引を開始したものの、Ａ社の取引を失った影響は大きかった。

工場前の店舗には、看板商品のサブレ「赤いくつの詩」などが並んでいた

アルベリは税金などを滞納するようになった。2016年9月、取引先から売掛金を差し押さえられ、2017年2月にはB社との取引も打ち切られた。事業の継続が不可能になり、5月末に営業を停止。破産手続きの申し立てに至った。

今回の件について弁護士を通じて藤本社長に取材を依頼したところ、「まだ話す気になれない」との返答だった。

アルベリが破産に追い込まれた大きな理由は、OEM受注の1社依存だ。1社依存の割合が高いほど、相手の厳しい要求に応えなければならない。それに耐えられなくなったときの損失は甚大だ。ある業界関係者は「当社では、OEMの受注量は1社につき売り上げの10～15％程度を超えないようにしている。アルベリにそうした基準はなかったようだ」と話す。

では、赤字続きの会社を継いだ藤本社長にとって、OEM拡大以外の手立てはなかったのか。別の関係者はこう指摘する。「もっと早いタイミングで工場を売却し、財務基盤を立て直しつつ、一店舗で『アルベリ』ブランドを再興する方法もあったはず。しかしこうした話を藤本社長に伝えたところ、『工場を無くすわけにはいかない』との答えだった」という。藤本社長は、義父から引き継いだ工場を手放す決断ができなかった。

今は小さな店舗だけでもネットで商品が売れる時代だから、打つ手はあったはず。ブランド力を高められれば、消費者からの支持を後ろ盾にＯＥＭを発注できる立場になったかもしれない。事業を継続するために、経営者には柔軟な判断力が常に求められる。

（２０１７年12月号掲載）

1社依存が命取りに

破綻の要因

ステーキハウスの運営、海外への出店などで財務状況が悪化

売り上げ維持のためOEMに力を入れたが、利幅が小さかった

売り上げの大半を占めていたOEMの受注先から仕事を打ち切られた

OEM打ち切りで売り上げ急減

アルベリの業績推移

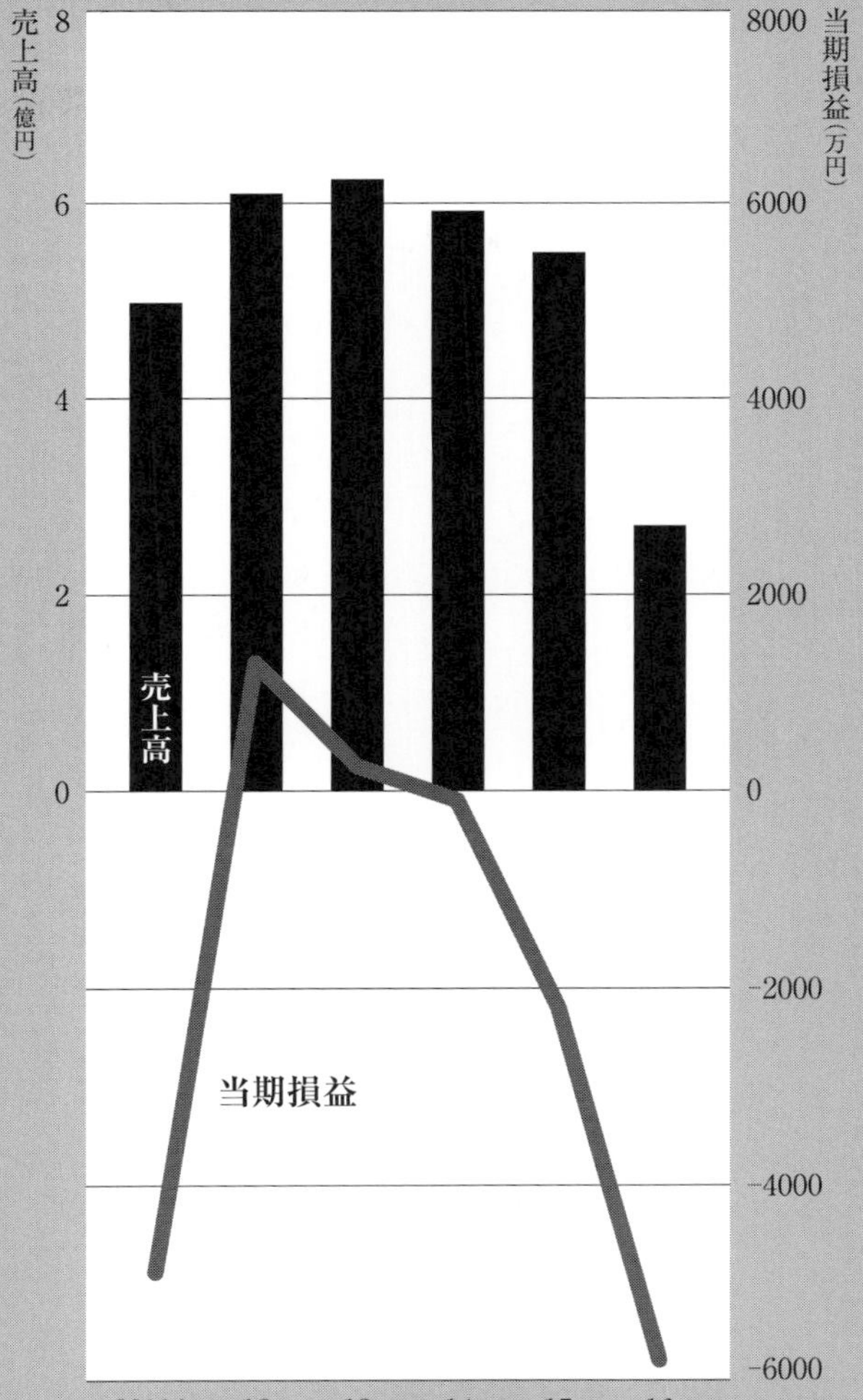

破綻の定石10

現場を統率しきれない

外部環境の悪化がきっかけとなることが多い倒産。しかし、組織内部から崩壊していくケースもある。

ここで紹介するのは、インバウンド需要の追い風を受けていたはずの企業。現場社員が次々経営陣に反旗を翻し、業績悪化。信用も失い、破綻に至った。

CASE 22

生産や営業の混乱で信用低下 大幅減収で資金繰りできず

プレスコ［化粧品の製造・販売］

プレスコは2016年3月9日に民事再生法の適用を申請した。手前の建物が本社の入るビル

化粧品のOEMを手掛けていた。容器やラベル印刷、品質管理など一括で製造を請け負い、大手メーカーから生産を受注するなど、一定の信用力があった。しかし、生産や営業現場の混乱が起き、業績が急落した。

インバウンドによる「爆買い」で活況を呈している化粧品業界。ドラッグストアなどに多数の訪日客が押し寄せ、商品を買う姿は、もはや日常風景になりつつある。

こうしたにぎわいの一方で、化粧品のOEM（相手先ブランドによる生産）を手掛けるプレスコ（東京・品川）が2016年3月9日、東京地方裁判所に民事再生法の適用を申請した。負債総額はおよそ14億1200万円だった。

「1年ほど前から経営状態が良くないとの噂はあったものの、直前まで支払いは滞っていなかった。だから問題はないと思っていたのだが……」。ある債権者はこう話す。

3月16日に都内で開かれた債権者集会に出席した別の債権者は「別府辰則社長（仮名）が冒頭に謝罪した以外は、弁護士による説明が中心だった」と振り返る。

顧客の中には大手も

プレスコの顧客の中には大手メーカーが含まれる。ある大手生活用品メーカーは「取引があったのは事実。現在、情報を収集中で対応は今後検討する」と話す。

プレスコの設立は1962年。ヘアスプレーをはじめとするエアゾール製品のほか、化粧水や乳液といった化粧品など幅広い商品に対応し、顧客の信頼を得てきた。

化粧品そのものだけでなく、容器やラベル印刷、品質管理など一括で製造を請け負う体制を整え、強みを発揮してきた。2016年3月現在、製造拠点は小山工場（栃木県小山市）、結城工場（茨城県結城市）、若宮工場（同）の3つだ。

OEM化粧品の規制緩和に伴って市場が拡大した追い風などもあって、プレスコは着実に業績を伸ばした。東京商工リサーチによると、2002年3月期に売上高は約68億円とピークに達した。

ところが、それ以降、業績が伸び悩むようになる。競争激化など外部環境の変化もあったが、プレスコ固有の原因のほうが影響が大きかったといえる。

1つは生産現場の混乱に伴う信用低下だ。プレスコは2014年頃、工場の生産効率や品質の向上を図る目的で複数の従業員を中途採用した。だが、この従業員らが経営陣と対立。両者の溝が深まった結果、2015年には、その従業員らの主導により、生産を一時停止するなどの混乱が生じた。この混乱は、プレスコが取引先に約300万円の賠償金を支払うまでに深刻化した。

最終的に対立を主導した従業員は退職し、2015年に新しい管理職を採用して事態は沈静化したものの、同社の信用が低下した。

追い打ちをかけたのが、営業現場の混乱だった。業績が伸び悩んだ場合、既存顧客から失った信頼を回復しつつ、新規客を開拓して立て直すのがオーソドックスな打開策だ。実際、最近では化粧品などの企画販売に特化し、製造をOEMメーカーに委託する新興企業が増えており、顧客開拓の環境は必ずしも悪くない。

しかし、結果的にプレスコの顧客開拓はうまくいかなかった。営業の統率がとれない状態に陥ったからだ。中には、プレスコを退職して別会社を設立することを見込んでプレスコ関連以外の商品を売り込む従業員さえいたという。こうした状況では新規客をスムーズに開拓できない。売り上げ低下の一因となった。

経営の要ともいえる生産、営業という現場の混乱に加えて事態を厳しくしたのが、打開策の欠如だ。プレスコでは、資金繰り表の作成など、経営の現状をつかんで改善策を考える体制が脆弱だった。こうしたことから、経営状態が悪化した後も、劇的に状況を改善するような有効策を見つけ出すことができず、低迷に歯止めをかけられなかった。

これら主に3つの要素が重なった結果、プレスコの業績は急落した。裁判所に提出した資料によると、2013年9月期（決算期を途中で変更）の売上高はピーク時よりお

結城工場（茨城県結城市、写真上）や若宮工場（同）など国内に3カ所の生産拠点を持つ

よそ4割減の約39億1000万円。その後も減収は止まらず、2015年9月期には約29億5000万円まで落ち込んでいる。

急激に業績が悪化すると資金繰りは苦しくなる。2016年3月7日が支払日となっていた手形で、まず不渡りを出した。続く4月5日に支払日を迎える支払手形も、設備など経営の継続に必要な資産を売却しなければ決済が困難な見通しとなり、民事再生法の適用申請に至った。

事業譲渡を軸に再生検討

今回の事態を招いたことについて、別府社長はどのように受け止めているのか。弁護士を通じて取材を申し込んだが、応諾は得られなかった。

「爆買いの追い風もあり、化粧品業界は手堅く商売を続けていれば、経営が傾くケースはあまりない。マネジメントに問題があったのではないか」とある取引先は指摘する。

実際、経済産業省の生産動態統計によると、化粧品の出荷額は回復の兆しを見せている。2008年10月のリーマン・ショック後、2008年の1兆5071億円から

2009年に1兆3902億円に落ち込んだものの、2014年には1兆4868億円にまで戻している。

前出の取引先はこうも続ける。「正直、プレスコの技術でなければできない製品があったかというと疑問が残る。そうなると、OEMメーカーという業態である以上、価格以外の競争力がなくなり、経営は厳しくなる」。

取扱商品を増やしたり、一括生産の体制を敷いたりするなど、プレスコが自社の強みを発揮できた土台は現場の底力。しかし、結果的には途中で現場をうまくまとめられなくなり、強みに磨きをかけ続けることができなかった。

他社にない強みをつくる事業戦略の構築力に加えて、社員の人心掌握術や数値管理を含めたマネジメントスキル……。経営者には多くの能力が要求される。そのいずれかが欠けても、経営が急激に傾く恐れがある厳しさを今回のケースは示している。

プレスコは、大手化粧品OEMメーカーの日本コルマーに事業を譲渡し、2016年9月末で営業を終了した。

（2016年5月号掲載）

社内の混乱で信用を失った

破綻の理由

経営陣と生産現場が対立し、工場が一時停止。供給が滞った

一部の担当者がプレスコ以外の商品を売るなど、営業の統率がとれなかった

経営の現状をつかむ体制が脆弱で、有効な再建策が出なかった

業績の急落に歯止めがかからなかった

プレスコの業績推移

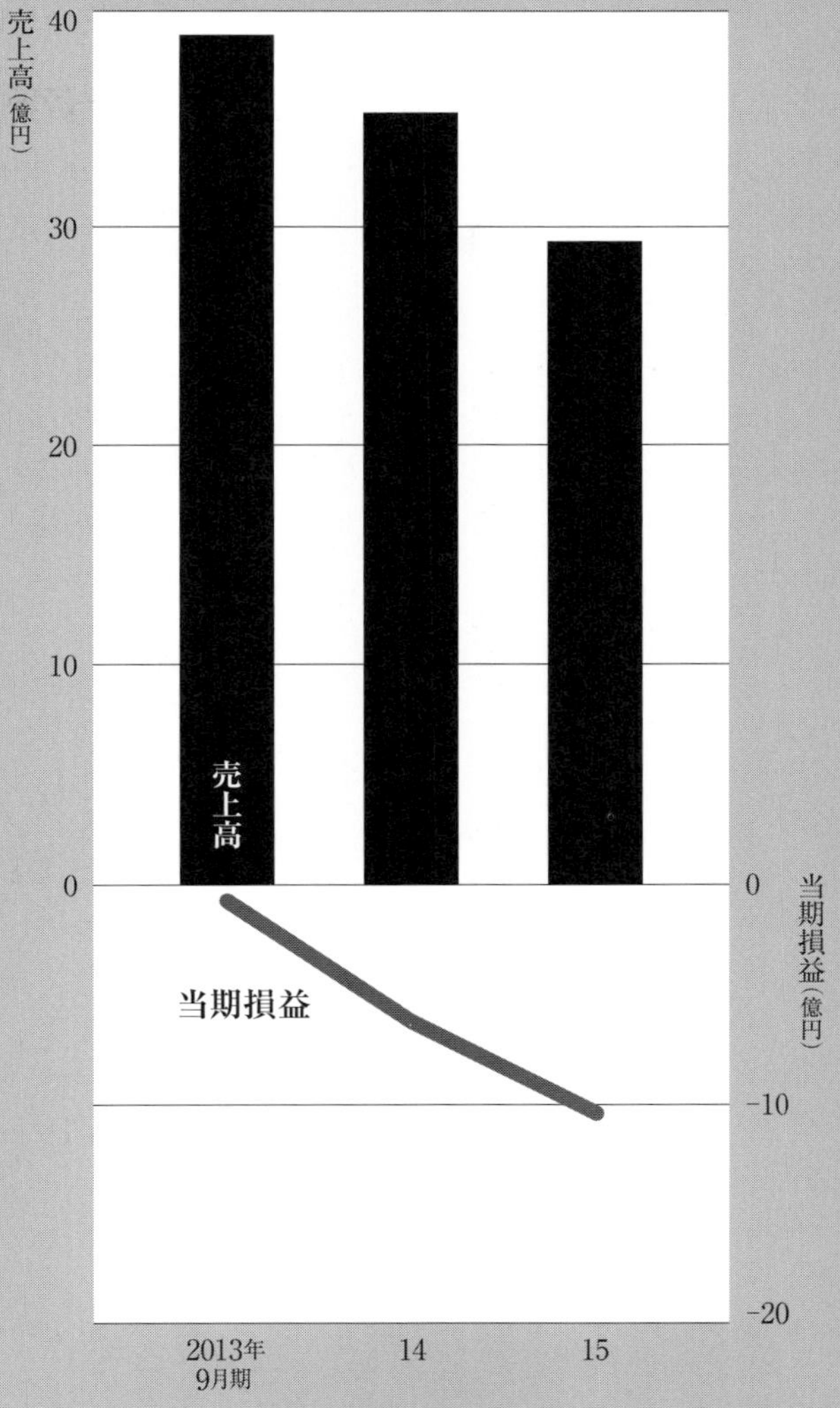

破綻の定石11

ある日突然、謎の紳士が……

企業経営では大きな金が行き交い、そこに第三者の食指が動く。取り込み詐欺や地面師などは明らかに違法だが、グレーなものもある。ここで紹介するのは、6億円の不透明な資金流出が疑われる老舗のケース。詳細は藪の中だが、経営のリスクとして知っておきたい。

CASE 23

創業間もないベンチャーに買われ、資産超過の老舗が謎の破綻

ユタカ電機製作所
［電源装置の製造］

ユタカ電機製作所の本社が入るビル

創業70周年を控えた電源装置メーカーが、突如、民事再生法の適用を申し立てた。創業者の手を離れた後、親会社は2度変わり、あるベンチャー企業の傘下に入る。だが、このベンチャーが事業を停止。その余波で、老舗企業は破綻した。

2015年2月、電源装置メーカーのユタカ電機製作所（東京・品川）が東京地方裁判所に民事再生法の適用を申し立てたというニュースは、関係者にショックを与えた。ここ数年黒字経営を続けており、資産超過の状態にあったからだ。

再生手続開始の申立書によると、負債総額は約42億円。これに対し、2014年3月期末の総資産は約52億円。同期の売上高は約55億円で、営業利益は約7300万円。黒字でもキャッシュフローが行き詰まることはあるが、ユタカ電機に資金繰りの悪化を思わせる兆しはなかったという。

ユタカ電機は1946年の創業。以来、一貫して電源装置を作り、中でも電源の小型化・効率化技術に長けている。この技術力に目をつけたのが、かつての新日本製鉄。1988年、ユタカ電機の創業家は後継者がいなかったことから、新日鉄に持ち株を譲り、傘下に入った。

2006年、新日鉄のグループ再編の末、親会社が日本産業パートナーズ（東京・千代田）に変わる。同社は、すかいらーくやソニーのパソコン事業への投資で知られるファンドだ。ファンドだから、当然エグジット（出口）を求める。

こうして2014年4月、日本産業パートナーズからユタカ電機の全株を買い取り、

100%子会社にしたのが、グラス・ワン・ホールディングス(東京・千代田)。しかしそれはユタカ電機にとって、波乱の1年の幕開けだった。

経産省の「お墨付き」

グラス・ワン・ホールディングスは、2013年3月設立のベンチャー企業、グラス・ワン・テクノロジー(東京・千代田、以下グラス・ワン)の関連会社。グラス・ワンは、スマートフォンなどのタッチパネル用ガラスを作っていた。

売りものは、サンドブラスト法という、微細な粒子を吹き付ける技術。ある企業が保有するこの技術に目をつけたメーカー出身の井波豊氏(仮名)が、商社出身とされる前原豪一氏(仮名)と手を組み、会社を立ち上げた。

「サンドブラスト法の歩留まりは、従来の加工法を大きく上回る90%以上。この技術があれば、日本国内で作っても十分に採算が合う」。2人は周囲にそう語っていたという。そして設立から半年後の2013年9月、佐賀県吉野ヶ里町にあるA社工場の一角を間借りするかたちで、生産を始めると発表する。

Ａ社との仲介をした佐賀県の担当者は、経緯をこう説明する。

「佐賀県なら納入予定先の企業に近いという理由で、グラス・ワンから県の首都圏営業本部に連絡が入った。調べると、経済産業省の『円高・エネルギー制約対策のための先端設備等投資促進事業費補助金』に採択されていた。技術に明るい専門家が審査したという。しかも、グラス・ワンに融資していたメガバンクも『優れた技術を有するベンチャーで、我々も大きな期待を寄せている』と答えた。そこまで評価されている企業なら、問題ないだろうと判断した」

電子部品の組み立てなどをするＡ社はちょうど生産の一部を海外に移管し、工場のスペースと人員に余剰が出ていたので、グラス・ワンの申し出を歓迎したという。

サガン鳥栖のスポンサー

ところが、サンドブラスト法によるガラス加工は、試作を経て量産化に向かう段階で、異常な熱や静電気が発生し、遅々として本格稼働に至らない。当初の発表では、2013年11月に操業を開始し、2014年3月には月産100万枚体制を築くとしていたが、

グラス・ワン・テクノロジーが佐賀市内に確保した第2工場。リコー計器の工場跡を買ったが、操業には至らなかった

計画の大幅な修正を余儀なくされた。

ここでグラス・ワンは理解しがたい行動に出る。

2014年2月、サッカーJリーグのサガン鳥栖と5年間のスポンサー契約を結ぶ。サガン鳥栖は会見を開き、ユニホームの背中に、グラス・ワンのロゴを入れた。さほど収益を上げていない設立2年目の企業が、スポーツのスポンサーに名乗り出るのは異例だ。

また同じ月、佐賀市内のリコー計器の工場跡を買収し、第2工場とすることを発表した。「第1工場が入るA社との間で、一定の期日までに出荷がままならない場合は、A社工場から出るという約束をしていたため、新たな生産場所を確保する狙いもあった」(関係者)。

対外的には、リコー計器の元従業員の一部を再雇用し、第1、第2工場あわせて月産400万枚体制を構築するとぶち上げる。当時、量産化に暗雲が立ち込めていたにもかかわらず、だ。

そして4月、ユタカ電機製作所を買収する。同社が持つ生産技術を獲得する狙いもあったようだが、眉をひそめるのは、買収直後に6億円がグラス・ワン・ホールディングスに流れたという点だ。

さらにこの後、突如として井波氏が会社を去った。関係者によると「前原氏が解任した」という。「もともと前原氏にはスポンサーが付いていて、そこから事業資金を得ていた。当初は技術に詳しい井波氏を社長にしていたが、スポンサーが量産化の遅れにいら立ち、井波氏を外すように指示したようだ」。

6億円流出でもめる

井波氏の解任以降、社員も頻繁に入れ替わるようになった。佐賀県の担当者によれば、次第に前原氏と面会がしづらくなり、約束を取り付けても急なキャンセルに遭うようになった。そんな矢先の2月18日、グラス・ワンが事業を停止し、弁護士に会社整理を一任したことが判明する。サガン鳥栖に規定のスポンサー料は払い込まれず、第2工場は手付かずだった。

同日、ユタカ電機が民事再生を申し立てたのは、この前原氏の独断だったとされる。前原氏はユタカ電機の買収後、社長に就いたが、本社にはほとんど顔を見せなかったという。そんな中、前述した通り、6億円の資金が動いた事実が発覚。取引銀行が集まったバンク・ミーティングで、問題視された。

中立書に記された前原氏の主張を要約すれば「ユタカ電機の現預金は10億円あり、6億円を貸し付けても資金繰りに支障はないのに、銀行の態度が硬化し、返済を迫られたため、やむなく民事再生を申し立てた」。しかし、取引行やユタカ電機の旧経営陣にしてみれば、不透明な資金流出を追及するのは当然だろう。

再生手続き開始の申し立て後、ユタカ電機は取引先に対し、従来の支払い条件で取引を続ける旨の承諾書を提出してもらえば、債務を全額払うという異例の発表をする。5月末には、大手コンデンサーメーカーのニチコンが新スポンサーとなることで最終合意した。順調に再生の道を歩んでいるが、破綻の事実が消えることはない。

騒動後、「前原氏は以前別の名を名乗り、会社の倒産歴がある」など、さまざまな情報が飛び交っている。前原氏にそれらの事実確認をしようとしたが、かなわなかった。一体、前原氏は何者だったのか。

外部から出資を仰ぐ中小企業は珍しくない。後継者が見つからず、会社を売却する創業家も増えている。ただ、会社のため従業員のために良かれと思った行動が、取り返しのつかない事態に発展することもある。そのリスクは小さいかもしれないが、現実にあることを今回の一件は示している。

（2015年7月号掲載）

ベンチャー企業の傘下で破綻

ユタカ電機製作所の破綻の経緯

1946年	創業
88年	新日本製鉄の傘下に
2006年	日本産業パートナーズの傘下に
14年4月	グラス・ワン・ホールディングスの傘下に
15年2月	民事再生法の適用を申し立てる

グラス・ワン・テクノロジーの破綻の経緯

2013年3月	会社設立
9月	佐賀県吉野ヶ里町のA社工場の一角を借り、第1工場を構えることを発表
14年2月	Jリーグのサガン鳥栖とスポンサー契約。佐賀市のリコー計器の工場跡を買収し、第2工場とすることを発表
4月	ユタカ電機製作所を買収
15年2月	事業を停止
4月	東京地裁より破産開始決定を受ける

黒字経営が続いていたのに…

ユタカ電機製作所の業績推移

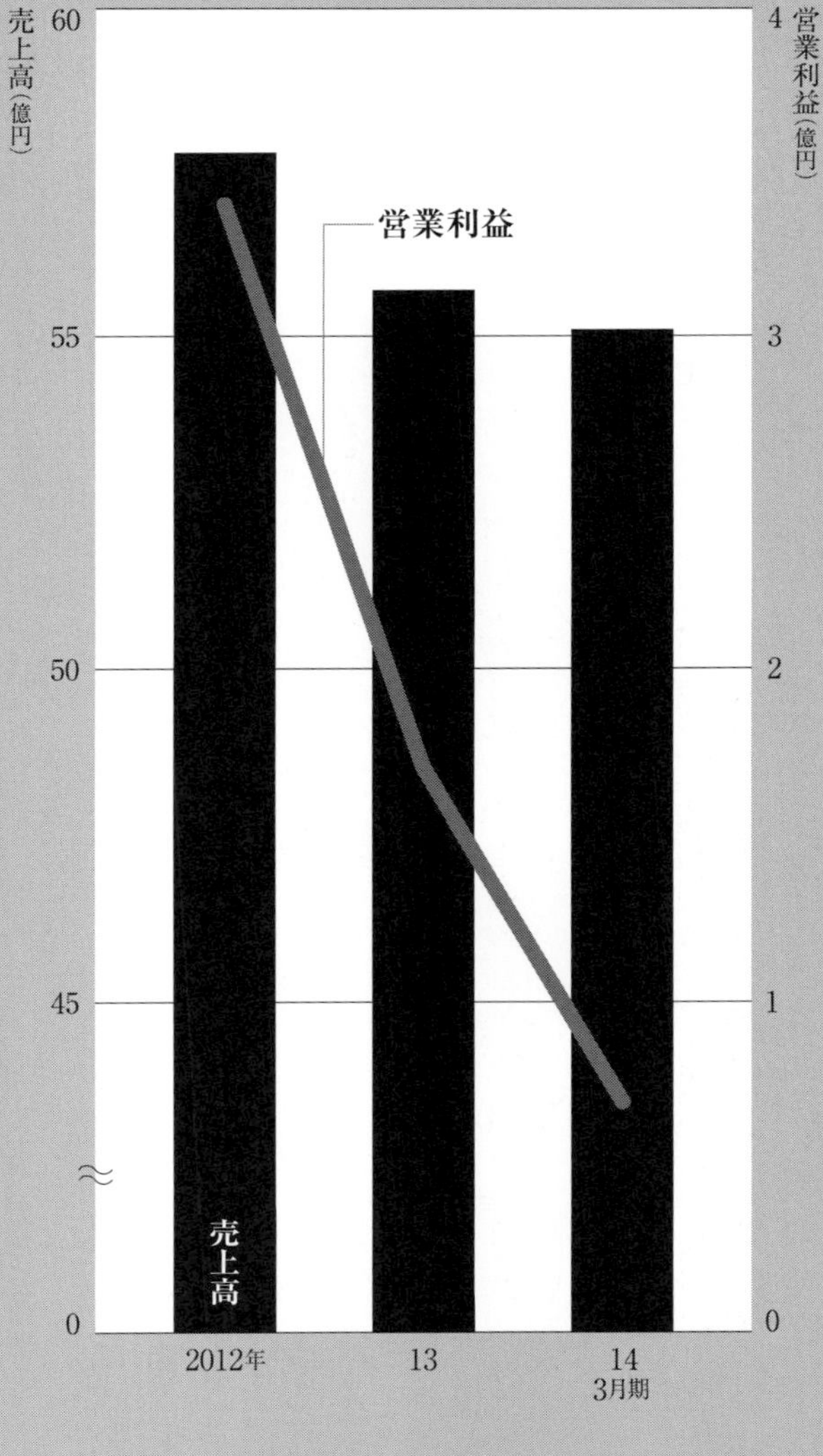

中小部品メーカー元社長

もっと早く本業を磨けばよかった……

2013年、ある中小部品メーカーが民事再生法の適用を申請した。当時実質的なトップだった人物が取材に応じてくれた。

2013年――。私にとって生涯忘れられない年です。この年、私は自らの手で会社を潰しました。民事再生法の適用を申請した際の社長は私の父でした。しかし、がんを患って闘病生活を送っており、実質的には副社長だった私が、営業や金融機関との交渉など、経営の中核をほぼ担っていました。

会社を信じて付いてきてくれたにもかかわらず、社員10人は解雇せざるを得ませんでした。知人を介して再就職先を探しましたが、全員分は見つかりませんでした。彼らの無念さを思うと本当に申し訳なく思っています。

当時を振り返ると、やはり筆舌に尽くしがたい悔しさがこみ上げてきます。心に深く刻まれたこの悔しさは、おそらく私が死ぬまで消えないでしょう。プロセスはどうあれ、経営には結果が求められます。死力を尽くしましたが、私はトップ失格だったのです。

そんな私が、何かを伝える資格があるのか。取材を受けるかどうか最初は悩みました。しかし、これから私が話す内容を反面教師にしてもらいたいと考えて最終的に承諾しました。1つでも皆様の役に立つことがあれば幸いです。

成長期 セラミック部品加工で躍進

当社はセラミック部品の製造やビジネスホテルの経営などを手掛けていました。私や父とは血がつながっていない創業者が、まだ珍しかったセラミックの将来性に目を付け、関連製品の卸会社を1970年代に興したのが始まりです。その後、都内に工場を造り、部品加工にも進出しました。特殊なセラミックの加工技術などに磨きをかけ、信用力を高めました。

主力は電子機器向けセラミック部品で、大手電機メーカーの系列会社などから注文を受けていました。

特注品の加工も扱っていましたが、量産品の仕事が忙しく、あまり力を入れていなかったそうです。ただ、量産品は受注量が安定していたものの、利益率は低かった。この問題を放置したことが後に響きました。

１９８０年代に入ると、工場が手狭になったので、北関東の工業団地に工場を新設し、本社機能も移しました。この頃はバブルに向かって日本経済が成長していた時期です。他社も続々と工業団地に入居してきました。

一方、工業団地の最寄り駅周辺にはビジネスホテルがほとんどありませんでした。工業団地に商用で訪れた人が泊まる場所が不足していたのです。そこで、金融機関の勧めもあって駅前に土地と建物を購入し、新規事業でビジネスホテルの運営を始めました。すると、毎日客室がほぼ埋まるほど繁盛したのです。

経営に自信を深めた創業者は、株式上場を目指します。上場するには売り上げ規模が足りないことなどもあって経営の多角化に乗り出しました。割烹料理店や食品スーパーなどを展開し、バブル期には一時、売上高30億円を超え、社員数も約２００人に増えたのです。勢いづいた創業者は、金融機関から借金して土地を4億６０００万円で購入。温泉旅館まで建てようとしました。

転換期 バブル崩壊で狂い出す歯車

ところが、いい時期は長く続きません。バブルが崩壊して急に景気が冷え込み、温泉旅館の計画は頓挫しました。会社には資産価値が大きく下がった土地と4億6000万円の負債だけが残ったのです。工場やビジネスホテルを開設したときの土地・建物の購入資金の返済も済んでおらず、この時点で負債は計7、8億円ほどに上っていたと思います。

今となっては結果論ですが、上場を目指すこと自体がゴールとなり、目的が曖昧だったと思います。時代の風潮だったのかもしれませんが、このとき無理をしなければ、その後の展開は大きく変わっていたと思います。

悪いときには悪いことが重なります。業績不振の中、創業者が肺を患って急逝しました。中小企業にとってトップが亡くなる影響は、あまりに大きい。社外にいた創業者の友人という人物が、社長を務めましたが、社員と融和できずに去るなど1年半、会社の経営は混乱しました。

復活期 本業回帰で経営を立て直す

そこで、事態を打開するため、株の一部を買い取って社長に就いたのが、当時生え抜きの役員だった私の父だったのです。多額の負債を背負ったマイナスからの船出でした。

父は経営再建に奔走しました。まず本業の強化。本業のセラミック部品と、収入が安定していたビジネスホテル以外の事業はやめました。一方、大手電機メーカーの系列会社がセラミック部品の製造から撤退するとの話を聞きつけ、技術移管を交渉。材料を仕入れて部品の製造に乗り出しました。

主力は電子レンジ向けセラミック部品の特殊加工で、これが当たりました。世界シェア40％を占め、1990年代後半から2004年頃までは、凸凹がありつつも経営は安定したのです。借入金返済の延滞もありませんでした。

私が会社に入ったのはちょうどこの頃、1997年です。セラミック部品事業に携わった後、ビジネスホテルで支配人などの経験を積み、ホテル事業を統括するようになりました。

衰退期 海外企業との価格競争で体力消耗

しかし、持ち直したかに見えた経営が再び悪化し始めます。原因は海外企業の台頭です。中国や韓国のセラミック部品メーカーが急速に技術力を高め、日本より安い人件費を武器に、価格競争を仕掛けてきました。当初こそ優位だったものの、次第に価格で負け、注文を奪われるケースが増えていったのです。

業績不振に伴って、資金繰りは徐々に厳しくなっていきました。そこで、主力銀行を変えました。長く付き合っていた地方銀行から、金利の低い別の地銀に借り換えたのです。結果的にこれが致命傷の1つとなりました。

経営破綻した後で分かったことですが、新しい主力銀行は個人向け融資が得意で、法人向け融資の経験に乏しかった。融資担当者は、当社の事業内容をあまり理解できないようでした。直近数年の財務諸表を中心に上司と相談して意思決定しているようで、コミュニケーションを取ることに難渋しました。

追い打ちをかけたのが、2008年のリーマン・ショックです。大手電機メーカーが製品の生産を一気に絞り、そのあおりで当社への部品の注文も止まりました。この年の10月から3カ月間は、ピーク時に月300万個だった注文が、本当にゼロになりました。

今回の取材を受けるに当たり、久しぶりに会社の業績を調べてみたのですが、当時の影響のすさまじさは、数字にも如実に表れています。リーマン・ショック前の2008年7月期の売上高は17億5700万円。営業利益が2億4700万円でした。それが1年後の2009年7月期には売上高が7億8200万円に約半減。営業損益は1億1000万円の赤字に転落したのです。

こうなると、資金繰りは一気に苦しくなります。父と当時副社長になった私は、手分けして金融機関を奔走しました。受注見込みなどをデータで示しながら、返済期間の延長などをお願いしたのです。

途中からは、私的整理を支援する中小企業再生支援協議会の力を借りることにしました。そのかいあって、主力銀行を含め取引のあった金融機関が一堂に会して今後の方針を決めるバンク・ミーティングを開くことができ、各行の元本返済と利払い一時停止が決まったのです。それでも、主力銀行の態度は厳しいものでした。元本返済と利払いの停止は半年間だけという条件を譲りませんでした。

金策だけでなく、本業で活路を見いだそうと、培った加工技術を生かせる新しい顧客も探し続けました。すると、ハイブリッド自動車や電気自動車などの部品に技術が生かせそうだと分かり、複数の大手自動車メーカー系列の部品メーカーに営業を始めました。

量産の成約には結びつかなかったものの、その一歩手前の段階までは進みました。当社の技術力に一目置いてくれたのです。交渉が進んでいるときには「量産化さえ決まれば、借金返済の目途が立つ」と、くじけそうになる自分の心を私は奮い立たせました。

経営破綻直前期 主力銀行からの「死刑宣告」

しかし、そうした一縷《いちる》の望みを打ち砕く事態が起きました。2013年、主力銀行が当社の当座預金口座を強制解約。続けて工場やビジネスホテル、土地などの担保物件を競売に回してしまったのです。利息の支払いが遅れたことがきっかけでした。

支払いの遅延は私たちに責任がありますが、あまりに一方的だったと思います。当座預金口座を解約されると、手形の決済などに必要なお金のやり取りが取引先と事実上できなくなります。しかも、会社の資産を売却されると、モノやサービスが自由に生み出せなくなりかねません。事業がうまく回らなくなれば結局、主力銀行が回収できる債権額も減ります。再生支援協も説得を試みてくれましたが、態度は変わりませんでした。主力銀行が見放したとなれば、他行も手を引きます。最後は他行の手形で不渡りを出して力尽きました。

父のがんが発覚したのは、こうした最中の2013年のことです。余命半年と言われましたが、最後まで会社存続の道を探りました。父が病に倒れた一因は、社長に就任してから、会社の経営が苦しく、常にストレスにさらされていたからだと思います。

経営破綻の直前には、法的整理を念頭に置き、不採算が続いていたセラミック部品事業からは撤退し、唯一の収益源であるビジネスホテル事業に特化しました。

そのため、民事再生法の適用を申請した後は、ビジネスホテル事業の売却先を探しました。入札をかけると、6社から応募があって中堅ホテルチェーンへの譲渡が決まり、ホテルで働いていた社員も雇ってもらいました。

ただ、セラミック部品事業と本社で管理業務に携わっていた10人は雇用を維持できず、冒頭で説明した解雇につながったのです。その後、再就職先が全員見つかったと、かつての部下を通じて聞き、胸をなで下ろしました。

父は売却先が確定するのを見届けて他界しました。それがせめてもの救いでした。

振り返って 経営破綻しないために必要なこと

私は今、売却先のホテルで一従業員として働いています。改めて皆様にお伝えできるのは、資金繰りで追い込まれる前に、抜本的な経営改革に着手すべきということです。金策に時間を取られると、それ以外の営業強化や研究開発、新規事業に向けた情報収集など、前向きなことに集中して取り組めません。

当社の場合、父が一時経営を立て直した比較的余裕のある時期に、もう一歩、経営改革に踏み込むべきでした。そもそもセラミック部品加工は大口取引先2社で売上高の75%を占めるなど、かなり偏っていました。リスクを分散する意味でも、特注品のウエートを早くから高めていれば、技術力も向上し、利益率もぐっと良くなったはずです。

時間切れになりましたが、当社の部品加工技術は大手自動車メーカーの系列部品会社に認められるレベルでした。やはり、本業の中に強みが隠れていると思います。また、不良資産となっていた土地を早期に売却すべく、早くから金融機関と交渉すべきだったとも感じています。

経営者は局面を冷静に分析できる相談相手や協力者をそばに置くことも大切だと思います。父は傍から見ていると、年を取るにつれて経験に基づく判断に頼るあまり、自分の理解を超えた情報が入ってきたり、急激に状況が変化したりした際、柔軟に対応できなくなっていた気がします。本来であれば、それを是正するのが私の役割でしたが、当時は気付きませんでした。

主力銀行からは厳しい対応を取られましたが、これも私たちが借り換える際、金利の低さだけに目がいき、その銀行が法人融資の経験が浅いことを知らなかった責任が大きい。

最新の情報や時代のトレンドを踏まえた対応は、1人では難しい場合があります。そんなとき、社内に参謀を置いたり、外部の専門家に頼ったりすることが大切だと思います。

皆様は、私のような悔しい目に遭わないよう、こうした点に留意してください。

（2017年2月号掲載）

おわりに

本書を編集している2018年6月現在、日本はマクロ的には好景気の局面にありますが、肌感覚ではいかがでしょうか。「確かに自社の業績は悪くはないが、バブルの頃と違ってラクに儲かるという状況ではない」という人が多いと思います。

最大の懸念は、人口減少です。

2000年頃から日本の生産年齢人口（15～64歳の人口）が大きく減少に転じました。これに伴い「既存の事業モデルに異変を感じる」と首をひねる経営者が続出しました。例えば、居酒屋チェーンを展開するワタミ創業者の渡邉美樹氏は「2000年を境に居酒屋の経営環境が一変した」と、大塚家具の大塚久美子社長は「2001年をピークに店舗の受付登録件数が減った」と、取材で語っていました。リーマン・ショック後を除けば、採用が厳しくなってきたのも2000年代に入ってからです。

そして、2015年頃からは総人口の減少が本格化しています。これが何を意味するのかというと、あらゆる国内市場が急速に縮むということです。人口減少率から予測される今後の市場縮小のスピードは、これまでの比ではありません。世界的なカネ余りで景気は悪くなくても、企業レベルにおいては顧客の奪い合いがさらに激しくなる。海外に製品やサービスを輸出しても、訪日観光客を増やしても、補いきれないほどの市場縮小が押し寄せてくることでしょう。

振り返って2017年は、生産年齢人口の問題が顕在化した「人手不足の年」と総括できます。そして2018年は、総人口の減少による未曽有の「企業淘汰の始まりの年」になるでしょう。より激しくなるのは、おそらく2020年の東京オリンピック後。

人口増加を前提にしてきた日本企業にとって、これから起きる変化は未知の世界です。ビジネスモデルはもちろん、採用や教育の方法、組織管理の方法、商品開発の方法など、あらゆる経営手法を見直す必要に迫られています。

新しい経営に転換するには当然リスクが伴いますから、そのリスクを潰すという意味でも、他社の失敗事例に学ぶことは、ますます大切になります。

本書が、人口減少時代に向けて企業経営を考え直すきっかけとなれば幸いです。

日経トップリーダー編集長　北方雅人

なぜ倒産

23社の破綻に学ぶ失敗の法則

2018年7月24日　初版第1刷発行
2018年8月20日　初版第3刷発行

発行者	廣松隆志
発行	日経BP社
発売	日経BPマーケティング 〒105-8308 東京都港区虎ノ門4-3-12
編集・構成	日経トップリーダー編集部
装丁・カバーデザイン	小口翔平＋喜來詩織（tobufune）
本文デザイン	川瀬達郎（エステム）
印刷・製本	大日本印刷株式会社

本書籍に関するお問い合わせ、ご連絡は下記にて承ります。
http://nkbp.jp/booksQA

ISBN978-4-8222-9282-9